中外著名教育家画传系列 周洪宇 主编

蔡元培画传

程斯辉 肖全民／著

U0931141

山东教育出版社
·济南·

图书在版编目（CIP）数据

蔡元培画传 / 程斯辉等著 . —济南：山东教育出版社，2014（2024.4 重印）
（中外著名教育家画传系列 / 周洪宇主编）
ISBN 978-7-5328-8671-5

Ⅰ . ①蔡…　Ⅱ . ①程…　Ⅲ . ①蔡元培（1868~1940）—传记—画册　Ⅳ . ① K825.46—64

中国版本图书馆 CIP 数据核字（2014）第 282407 号

ZHONGWAI ZHUMING JIAOYUJIA HUAZHUAN XILIE
CAIYUANPEI HUAZHUAN

中外著名教育家画传系列　　周洪宇　主编
蔡元培画传　　程斯辉　肖全民　著

主管单位：山东出版传媒股份有限公司
出版发行：山东教育出版社
地址：济南市市中区二环南路2066号4区1号　邮编：250003
电话：（0531）82092660　　网址：www.sjs.com.cn
印　　刷：山东华立印务有限公司
版　　次：2015 年 1 月第 1 版
印　　次：2024 年 4 月第 2 次印刷
开　　本：787 毫米 × 1092 毫米　1/16
印　　张：11
字　　数：180 千
定　　价：59.00 元

（如印装质量有问题，请与印刷厂联系调换）印厂电话：0531-76216033

蔡元培（1868—1940）。

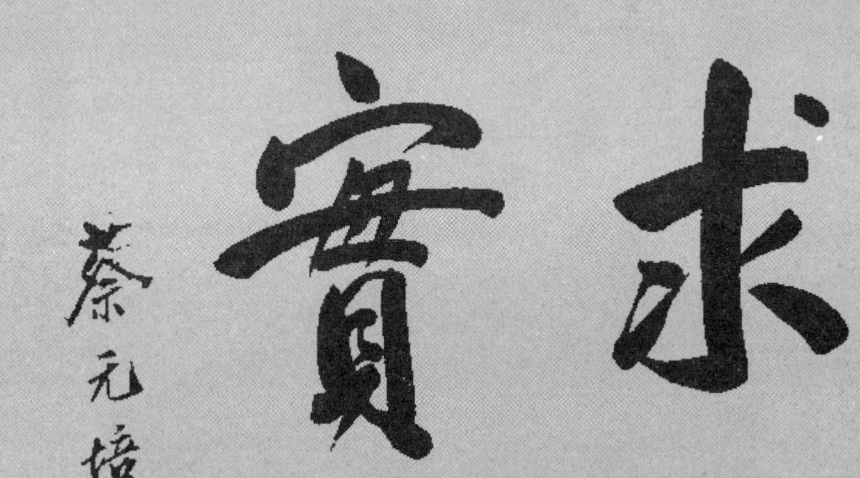
求實
蔡元培

任中央研究院院长时的蔡元培。

括囊大典
網羅衆家

蔡元培題

1940年蔡元培在香港。

焦作学院同学録

好學力行

蔡元培題

蔡元培与夫人周峻合影。

國立中央研究院用牋

第　號第　頁

中國為一人　天下為一家

這兩句是禮記禮運篇成語，照現代中國人的立場看來，也是用得著的。若是中國四萬萬七千萬人，都能休戚相關，如身使臂，臂使指的樣子，就自然沒有人敢來侵略，而立於與各國平等之地位。由是而參加國際團體，與維持和平的各國相提攜，自然可以制裁侵略主義的國家，而造成天下一家的太平世了。

廿五年九月　蔡元培

中華民國　年　月　日

目　录

我對於各家學說，依各國大學通例，循思想自由原則，兼容并包。無論何種學派，苟其言之成理，持之有故，尚未達自然淘汰之命運，即使彼此相反，也聽他們自由發展。例如陳介石、陳漢章一派的文史，與沈尹默不同；黃季剛一派的文學，又與胡適之的一派不同，那時候各行其是，並不相妨。對於外國語，也力矯偏重英語的舊習，增設法、德、俄諸國文學系，即世界語亦列為選科。

家世与家庭涵养，奠定高尚人格坯基

“水乡泽国”的才子

1868年1月11日（清朝同治六年十二月十七日）深夜，在绍兴府山阴县城里笔飞坊（现为笔飞弄），嘹亮的啼哭声从一幢民宅内传出，房里的青油灯还亮着。屋里烧得红红的炭火给人送来温暖。谁也没有想到，正是这个出生于平凡人家的孩子，日后成为了中华民国首任教育总长、北京大学校长、中央研究院院长，同时集教育家、政治家、革命家于一身。他——就是赫赫有名的蔡元培。

历史上的蔡元培曾经三次易名，每一次易名都显示出他才情卓绝。他“小名宜哥，小字意可”，又“小名阿培，入塾时，加昆弟行通用之元字，曰元培”。原来叔父铭恩给他取字鹤卿。到了小学，蔡元培慕古人名字相关之习，认为鹤卿二字过于庸俗，于是自字曰遂自仲申，别号鹤窟。1903年爱国学社时，自号民友。1904年主编《警钟》时又说：“吾亦一民耳，何谓民友。”乃取《诗经·大雅·云汉》“周余黎民，靡有孑遗”二句中字，而最后改号孑民，表示自己在民族灾难面前的责任。后也用过“蔡振”等笔名。

提起蔡元培的出生地绍兴，人们都不陌生。在这个江南水乡，曾经涌现出许多历史名人，如王羲之、陆游、秋瑾、鲁迅、柯灵、竺可桢、马寅初、钱三强等。这里河道纵横，水网密布，人杰地灵，有“水乡泽国”或“东方的威尼斯”之称。绍兴的自然景观

蔡元培的出生地——绍兴府山阴县城内笔飞弄9号老宅。

曾令历代文人墨客流连忘返，赞美不已。晋人称道它“千岩竞秀，万壑争流”，大书法家王羲之则写下“山阴道上行，如在镜中游”的千古佳句。

绍兴素以“文物之邦”著称，蔡元培就是在这里开启了他传奇旅途的首站。蔡元培生活的绍兴景色如画，商业繁荣，他前后在故乡生活了29年。在这里的生活无疑是蔡元培生命里浓墨重彩的一笔。这里有江南水乡文化浸润他，历史传统影响他，优美的自然环境熏陶他，悠久的革命传统激励他。故乡深厚的土壤栽培着参天乔木，故乡母亲甘甜的乳汁哺育着蔡元培的成长。

从青年时代开始，蔡元培就对故乡绍兴的湖光山色、悠久历史、经济文化充满自豪之感。1895年，他在《越中先贤祠春秋祭文》中提到，咱绍兴那可是正儿八经的礼

蔡元培故居。

仪之乡，大禹、越王勾践、越中历代大文人文豪可都是同样的水养育的，而这些人可都是咱的同乡，从此他也下定决心，向这些历史上的“先进个人”学习，闯出一条自己的路子。

绍兴古城风貌。

幼时的蔡元培常听长辈们骄傲自豪地不断提起一个名字，那就是王羲之。虽然年幼的他还不知道王羲之为何许人也，但长辈们那微微陶醉的神情已经感染了他，就连家门口的笔飞弄也与王羲之有着密不可分的关系。据说当年王羲之任会稽内史（民政官吏）时，住在蕺山脚下，王羲之在这里养鹅写字，门前一边是墨池，一边是鹅池，至今还隐约可辨。他的书法素有“天马行空，游行自在；龙飞凤舞，铁划银钩”之称，劲头来时笔飞墨舞，毛笔常常飞到右面的那条巷里，这就是取名笔飞弄的来历。故乡的脉脉温情，始终萦绕在蔡元培的心头，“霜叶红于二月花，故乡乌桕荫农家。不须更畏吴江冷，自有温情熨晚霞”。这是蔡元培晚年所写的一首诗，从中可以看出他是多么爱故乡，虽然已入暮年了，对故乡之情非但不减，而且越来越浓。

蔡元培所表现出来的性格特征、生活习惯和所选择的人生道路，在许多方面反映的也正是越人的精神。

朴实、温和、坚韧的家风熏陶

据《绍兴县志资料》记载，明代隆庆、万历年间，蔡元培的祖先蔡恭政“由诸暨迁绍兴井巷”。至蔡元培出生，蔡家已迁居绍兴近300年。至蔡元培高祖以下，开始从商。蔡元培的曾祖兄弟四人，或在乡里县城设铺，收购丝绸软缎，或往返于绍兴、广州，从事贩运。

祖父蔡廷桢，因经营典当业有方，家业兴旺，不但在城里开了一家当铺，还在笔飞弄买下一幢坐北朝南、大厅三楹的房屋。后因育有七个孩子，在屋后加盖五楼五底房屋，三代合住，成为当时小康之家。蔡家长子便是蔡元培的父亲蔡宝煜，又名光普，字耀山。在兄弟七人中，除老三习武外出不知所往亦不知所终外，全家都以经商为业。蔡元培的父亲为钱庄经理，老二经营绸缎业，老四、老五、老七也都在钱庄任职。蔡家唯一一个读书登科之人是老六铭恩，他从小热爱读书并考试入学，为廪生。蔡元培早年之所以走上读书的道路，或多或少受到这位酷爱读书的六叔影响，六叔也曾多次不厌其烦地指导他的功课，在他幼小的心灵里播撒下读书的种子。

蔡元培在《口述传略》中有云：

“子民有叔父，名铭恩，字茗珊，以廪膳生乡试中式。工制艺，门下颇盛。亦治诗古文辞。藏书亦不少。子民十余岁，即翻阅《史记》、《汉书》、《困学纪闻》、《文史通义》、《说文通训定声》诸书，皆得其叔父之指导焉。”

父母是人生的第一位导师。蔡元培的父亲是一位“儒商”，为人忠厚老实，宽和待人。在经营钱庄时，他诚信经营，慷慨大度，有贷必应，家族中的人常常笑他“爱无差

蔡元培父母像。

等”。父亲的这些行为深深地印刻在年少蔡元培的脑海，也成为他日后为人处世的准则。

月有阴晴圆缺，人有旦夕祸福。在蔡元培11岁（系按虚岁计算）那年，父亲去世。当时哥哥13岁，弟弟9岁，最小的一个弟弟与两个姐姐未成年夭折了。蔡元培父亲病逝后，一位好友在挽联中称赞道：“若要有几许精神，持己接人，都要到极好处。”

由于父亲生前慷慨好施，凡向他借钱都有求必应，欠他债的又不忍讨还，所以到他去世时，蔡家家境一落千丈，变得一贫如洗。面对失去至亲的悲痛，失去经济支柱的落魄，抚养儿女的艰辛，母亲周太夫人忍受艰辛，拒绝了亲戚朋友集资赡养，典卖她仅有的首饰、衣服，克勤克俭，节衣缩食，辛苦将三子拉扯长大。她将全部心血倾注在几名幼子身上。蔡元培有同胞兄弟四人，姊妹三人，他在家中居二。兄元鈖，字鉴清，长期在上海崇实石印局任职。弟元坚，字镜清，后在绍兴钱庄业中任职。四弟及幼妹早殇，姊两人均未嫁即病逝。

树活一张皮，人争一口气，周氏不仅一人支撑整个家，还亲自为孩子们缝衣、理发。生活上事无巨细关心孩子们，她常常勉励孩子们要“自立”、“不依赖人”，不能靠施舍生活，更不要获取不义之财。勤劳坚韧的周氏对孩子们的学习也严厉督促。由于蔡元培自小聪慧好学，私塾先生对他寄予厚望，布置的功课常常要学习到深夜还不能完成，而母亲更是不辞劳瘁，陪坐案侧，时以温语慰勉，免其困倦。在为人处世方面，周氏常常教导孩子们要谨言慎行。她常说每次与别人交谈，一定要先想到别人会说些什么，而我要怎样应答。谈话结束后，还应该将这次谈话在头脑里回忆一遍，检查自己回答得有没有不妥当的地方。即：“每有事与人谈话，先预想彼将作何语，我宜以何语应之。既毕，又追省彼作何语，我曾作何语，有误否，以是鲜偾事。”

严谨的家教在蔡元培幼小的心灵打下了深深的烙印。他继承了父亲宽厚待人的脾性，承接了母亲不贪吝、不妄言的脾性，正如蔡元培本人所说的“孑民之宽厚，为其父之遗传性。其不苟取，不妄言，则得诸母教焉”。他后来所表现出的那种平和安详的个性、温和待人的性格、好学不倦的习性，正是家庭影响的结果，从小打下的坯基。

羊有跪乳之恩，鸟有反哺之义。母亲成就了蔡元培，蔡元培同样回报母亲。蔡元培

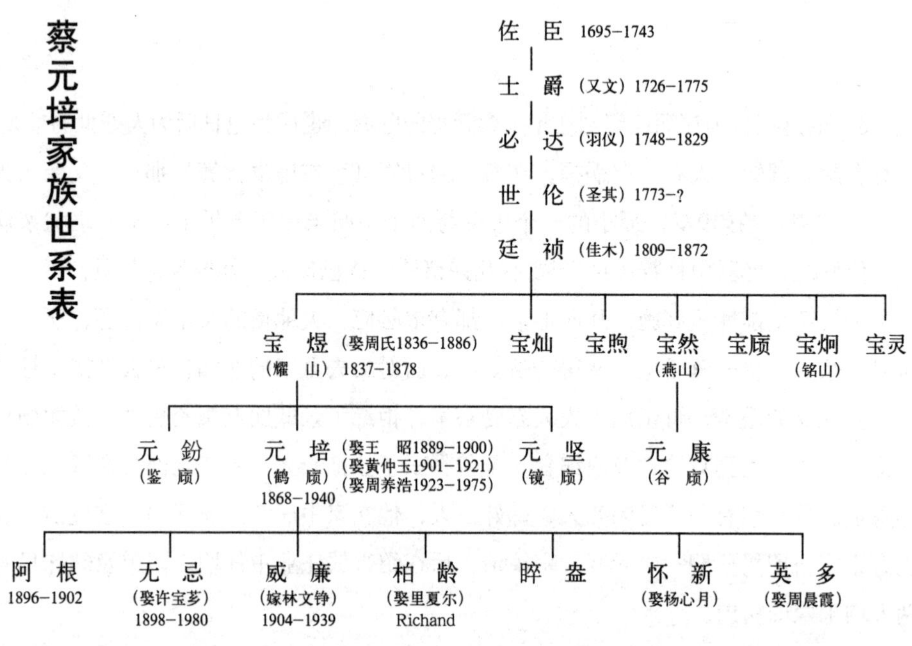

17岁时，周太夫人胃病加剧，服药也没有用。他不忍母亲承受病痛的折磨，当他听说割臂肉和药，可延寿十二年，他便瞒着家人，偷偷从自己左臂上割下一小片肉，为母和药。虽然蔡元培孝心感天动地，但也没能留住死神的脚步。第二年，周太夫人病故，蔡元培悲痛万分，欲行寝苫枕块之制。（寝苫枕块之制是古代一种服丧制，即亲人去世后孝子睡在草席上，头枕土块，坚守在去世亲人的棺材旁，直至亲人下葬的制度。）被家人劝阻后，他于夜深人静的时候，挟枕席赴棺侧而睡，其兄弟见状，知道不能阻止他，就设床于停棺之堂，兄弟共宿。

晚年，蔡元培旅居香港时曾改从母姓，取名周子余，以表示对母亲的怀念。在《自写年谱》中谈到早年家世时，蔡元培更多的也是提到母亲的养育之恩和影响。他深情地说："我母亲是精明而又慈爱的，我所受的母教比父教为多，因父亲去世时，我年纪还小……我母亲的仁慈而恳切，影响于我们的品性甚大。"

三段婚姻，始终有爱

蔡元培一生三次婚姻，经历了从旧式婚俗到中西合璧的婚礼，再到完全新式婚恋。他的第一位夫人是媒妁之言，第二位、第三位夫人均是自主婚姻。

1901年蔡元培与次子蔡无忌合影。

第一次婚姻——旧式婚姻难维系

1889年，蔡元培迎娶了他的第一位夫人王昭。这次婚姻完全是奉父母之命、媒妁之言而成的旧式婚姻。与所有旧式婚礼一样，直至新郎掀起新娘的大红盖头时，他才第一次见到王昭的真容。烛光映照着王昭光洁的额头、娇羞的面容，从此蔡元培开始了第一段婚姻。婚后，蔡元培发现夫人有洁癖，且花钱极为节省，但自己却生性豪放、不拘小节。除了性格的差异，蔡元培受旧式教育“出嫁从夫”观念的影响，总要求王昭对自己的所有决定无条件顺从，以至于两人婚后经常发生一些争辩。

1900年，痛定思痛的蔡元培开始重新思考女权的定义。他写出了《夫妻公约》，打算重新调整与妻子王昭的关系。这对结婚十多年的夫妻也逐步互相理解，感情的裂痕也在逐步得到修复。可惜好景不长，蔡元培的夫人王昭因病去世。1901年6月24日，蔡元培在王夫人去世一年的忌日写出了怀念王夫人的三副联语：

“维新党人，吾所默许，乃不及于难，鹿车南返，鷦巢暂栖，尚有青毡，博得工资同一饱；自由主义，君始与闻，而未能免俗，天足将完，鬼车渐破，俄焉属纩，不堪遗恨竟终身。”

“早知君病入膏肓，当屏绝万缘，长相厮守，已矣，如宾十年，竟忘情乃尔耶？常与我争持礼俗，问浑圜大地，安置幽冥，嗟呼，有子二人，真灵魂所宅耳。”

“安知早死非为福；岂有下愚不及情。”

第二次婚姻——自立标准觅佳侣

蔡元培妻子王昭去世后，他的续弦之事受到人们的关注和重视。这一时期，蔡元培在江浙一带的知识界已颇有名气，有许多人怀着各种各样的动机关心蔡元培续弦的事，上门牵线者纷至沓来。面对媒人，蔡元培从容应对，磨浓墨、铺素笺，挥毫写下了一张征婚启事贴在书房的墙壁上。他提出了五个惊世骇俗的条件：第一，女子须不缠足者；第二，须识字者；第三，男子不娶妾；第四，夫妇如不相合，可离婚；第五，男子死后，女子再嫁。

封建末期的绍兴，风化未开，民智未启。蔡元培自己立下的这五条标准，简直是对封建礼教的挑战，说媒者个个望而却步，退避三舍。作为封建礼教的叛逆者，蔡元培在对待个人婚姻、爱情与家庭问题上，也反映出他的高尚品德与情操。也许是姻缘天定，蔡元培在杭州办学的时候，有一天在朋友家看到一幅工笔画，线条秀丽、题字极有功底。他一打听，作者是江西名士黄尔轩的女儿黄世振，又名仲玉。黄仲玉出身书香门第，不但没有缠足，而且识字又精通书画、孝敬父母，完全符合蔡元培的择偶标准，于

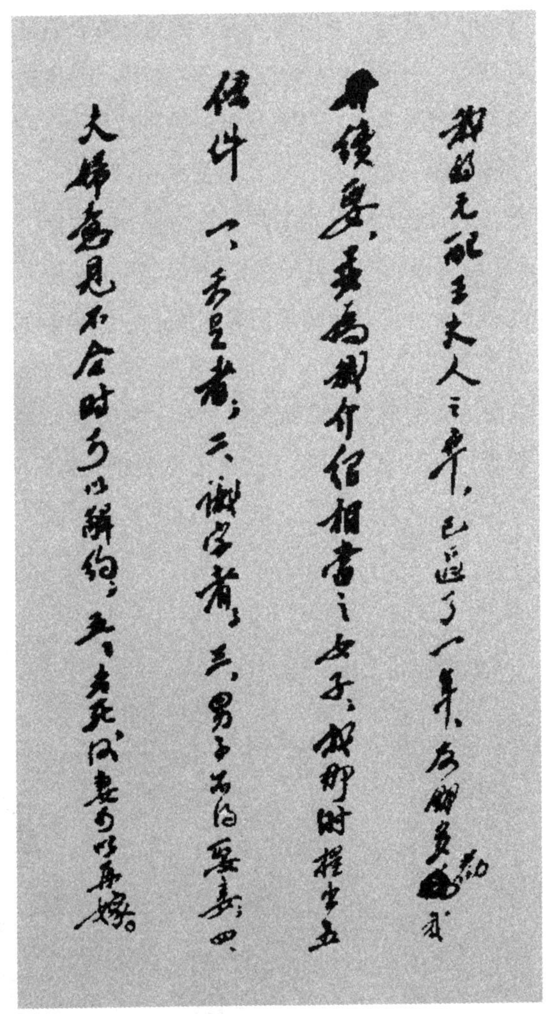

我的元配王夫人之卒，已过了一年，友朋多劝我再续娶，并为我介绍相当之女子，我那时提出五条件：一、天足者；二、识字者；三、男子不得娶妾；四、夫妇意见不合时可以解约；五、夫死后妻可以再嫁。

蔡元培的征婚五条标准。

是他请朋友从中撮合。

1901年11月22日，蔡元培与黄仲玉在杭州西子湖畔举行了一场别开生面的婚礼。按当时浙江的风俗习惯，结婚要举行“拜堂”仪式。大堂要挂福禄寿三星画像，女的要穿彩服，坐花轿进门，新娘新郎要跪拜天地，再向三星像以及父母尊长行跪拜礼。蔡元培却一扫旧俗，抛弃烦琐仪式，用红幛缀成“孔子”二字，代替悬挂三星画轴的传统，以开演说会的形式代替闹洞房，开了文明结婚的先河。到会贺喜的有杭州学界名流汪希、孙翼中、宋恕、陈介石、叶景范等。他们都发表了祝词。陈介石还引经据典，阐述男女平等的理论。宋燕生则戏说："倘黄夫人学行高于蔡先生，则蔡先生应以师礼视之，何止平等？倘黄夫人学行不及蔡先生，则蔡先生当以弟子礼视之，又何从平等？"蔡元培笑答："就学行而言，固有先后，就人格而言，总是平等。"

1907年，已近不惑之年的蔡元培开始了四年海外留学的生活。在德四年，他编著了《中国伦理学史》，蔡元培由最初的大男子主义思想，转变成为寻求妇女平等权利的斗士。由此可见，第二位夫人黄仲玉对他的思想影响深远。1920年底，蔡元培由北京大学派遣去欧洲考察。

1921年1月9日，黄仲玉女士不幸在北京因病去世。当时蔡元培正在瑞士日内瓦及伯尔尼考察，得到这一噩耗，甚为哀痛，写了《祭亡妻黄仲玉》一文："呜呼！仲玉，竟舍我而先逝耶：自汝与我结婚以来，才二十年，累汝以儿女，累汝以家计，累汝以国内

蔡元培和夫人黄仲玉及其孩子。

国外之奔走，累汝以贫困，累汝以忧患，使汝善书、善画、善为美术之天才，竟不能无限发展，而且积劳成疾，以不得尽汝之天年。呜呼，我之负汝何如耶！”“死者果有知耶？我平日决不敢信；死者果无知耶？我今日为汝而决不敢信，我今日惟有认汝为有知，而与汝作此最后之通讯，以稍稍纾我之悲悔耳！呜呼，仲玉！”

第三次婚姻——师生之恋结良缘

壮年丧妻，不仅对蔡元培的精神有极大打击，也给他的生活带来重重困难。当时他正担任北京大学校长，公务很忙，无暇顾及家里，急需一位贤内助兼顾工作与家庭。在亲友的劝说下，黄仲玉逝世一周年后，他同意再次续娶。54岁的蔡元培再次提出自己择偶的条件：(1）本人具备相当的文化素质；(2）年龄略大；(3）熟谙英文，能成为研究助手。

经友人介绍，一个名叫周峻（养浩）的女子，走进了他的生活。周峻是蔡元培原来在上海成立的爱国女校的一位学生。这位学生对蔡元培一直抱有敬佩与热爱之情，一直到33岁还没有结婚。这在当时的中国是难以想象的。蔡元培和周峻两人年龄相差22岁。1923年7月10日，蔡元培与周峻在苏州留园举行了隆重的婚礼。为了婚事简办，避免更多的亲友来贺喜，当时住在上海的蔡元培，特意到苏州与周峻女士举行结婚仪式。也同样是以开演说会的形式进行，他在演说词中讲道：

蔡元培和夫人周峻。

蔡元培与夫人周峻合影。

"余今年五十七，且系三娶。所欲娶者为寡妇，或离婚之妇，或持独身主义而非极端者，惟年龄须在三十以上。余谙习德文，略通法文，而英文则未尝学问，故愿娶一长于英文之室女。

余不信仰宗教，嗜美术。既辞北京大学校长，即欲赴比利时或瑞士留学。

周，年三十三。前在上海爱国女学毕业，治英文有年，非宗教中之人，亦嗜美术，有志游学，与余所持之条件适合也。"

蔡元培与夫人周峻、次女睟盎、四子怀新、五子英多合影。

婚后第十天，蔡元培和周峻携子女赴欧洲学习。周峻在相夫教子之余攻读西洋美术课程，她把对蔡元培的爱倾注在她的作品《蔡元培半身像》中。而蔡元培则在上面题诗一首“唯卿第一能知我，留取心痕永不磨”。

蔡元培与周峻女士的婚后生活极其和谐。蔡元培出国考察，周峻也去欧洲留学，他们学问上相互切磋，生活上相互体贴，在漫长的岁月里甘苦与共。蔡元培夫妇之间夫唱妇随，互敬互爱，在他们的卧室里有两首一唱一答的诗。周峻的一首题为《送春（立夏前夕）》，诗曰：

今年花事已阑珊，临去春风夜又寒。
林鸟依依还惜别，愿君寄语报平安。

蔡元培的一首题为《和养友〈送春〉（立夏日）》，诗曰：

来迟本已苦姗姗，去又匆匆趁嫩寒。
但愿随春共来去，不教别恨扰恬安。

1930年7月10日，蔡元培为纪念与周夫人结婚作二绝：

（一）

留园影事七经秋，俪影频年一片留。
难得月圆花好夜，比肩窗下话苏州。

（二）

膝前儿女渐成行，药裹茶瓯费检量。
最忆欧西游学日，狂搜诗料入行囊。

蔡元培与周夫人在患难中更是相依为命。1939年3月，他们结婚十六周年时，蔡元培作诗相贺：

蛩蜃生涯十六年，耐劳嗜学尚依然。
岛居颇恨图书少，春至欣看花鸟妍。

儿女承欢凭意匠，亲朋话旧煦心田。

一尊介寿山阴酒，万壑千岩在眼前。

周夫人亦以诗相和。

1940年3月5日，也就是离周峻50岁生日还差两天的时候，蔡元培在香港因病逝世。

刻苦求学与游学，融中西文化于一体

十年私塾奠定国学根基

蔡元培小时候就比一般的孩子要显得沉稳安静，蔡家人对他寄予了厚望，希望他能光宗耀祖。6岁那年，家里专门为他请来一位姓周的私塾先生。这位周先生按照旧式私塾的模式为蔡元培制定了夺取功名的教学计划，向科举“龙门”进军。因此，蔡元培最初读的书主要是《百家姓》、《千字文》、《神童诗》三本小书，接着读四书《大学》、《中庸》、《论语》、《孟子》，再读五经《诗》、《书》、《易》、《礼记》、《春秋》。

少年时代的蔡元培。

蔡元培跟着周先生学习了五年。在他11岁那年，父亲病故，失去了经济支柱，家中经济陷入困苦。没过几年，他的二叔父、五叔父、七叔父也先后失业，亲戚人家渐渐衰败。他只好寄居在姨妈家读书，后来又转至附近的李申甫

蔡元培年少时在叔父铭恩指导下读过的《汉书》。

先生所设的私塾读书。

为了给日后的科举考试铺平道路，熟练掌握做八股文的方法，蔡元培开始在私塾先生的指导下每日练习起承转合，承题破题，不敢有丝毫的懈怠。但是，蔡元培除了读许多“教科书”外，还喜欢涉猎一些对科举考试毫无帮助的“杂书”。同时，蔡元培还有一位同样爱读书的六叔铭恩。钻进六叔的书房，蔡元培就像春天里的嫩芽拼命地汲取营养，因此六叔也算是蔡元培的启蒙老师。

1880年，蔡元培到秀才王懋修夫子处就读。王懋修是蔡元培私塾学习期间对他影响最大的一位先生。王先生在教学内容上与其他塾师并无差别，但态度却比一般的塾师负责、耐心。王先生是八股名家，在教做八股文时，发现蔡元培有写得不对的地方，既不训斥，也不立即在卷子上改写，而是耐心地指出错误所在，让蔡元培自己回去修改。王先生还深谙宋明理学，除学业指导外，王先生在思想道德方面也给蔡元培不小的影响。他经常讲一些明末抗清志士的民族气节、爱国主义、民本主义思想的故事。王先生在读书方面比一般夫子涉猎更广，这为蔡元培打开了另一扇窗。比如，有一次，蔡元培在看一本《三国志演义》，被王先生发现禁止说：“读不得!”又有一次，蔡元培正在翻阅一本《战国策》，老师也说：“看不得!”这倒不是王先生特别刻板，实在是当时科举制度造成的禁锢人们头脑的风气使然。在王懋修先生这里的几年学习对蔡元培早期思想的形成产生了重要影响。1896年，蔡元培在《展先师王子庄生墓记》中就写道：“培从

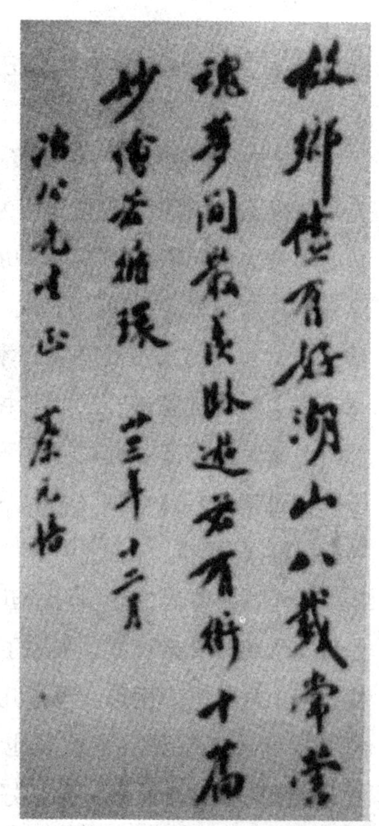

蔡元培撰书《越州名胜图诗》之手迹。

事四年，所以策励之者尤挚。”晚年，他在《自写年谱》中又说：“我自十四年（岁）至十七年（岁），受教四年，虽注重练习制艺，而所得常识亦复不少。”

面对枯燥乏味的私塾学习生活，蔡元培却没有丝毫懈怠。经多年苦读，1883年蔡元培终于在是年由提学使主持的道考中考中秀才，获得了进入官立学校深造的资格。考官对他的考卷评价很高，比如对“二复”试卷的评语是：“笔轻而灵，意曲而达，是诚小试利器。论尤警当，与众不同。诗亦有动目句。”对“四复”试卷的评语是：“简洁名贵，滴滴归原。”考中秀才后，蔡元培就不再到王懋修先生处就读，结束了他少年时代的私塾学习。从此，他就走上了科举之路。1885年8月，蔡元培第一次随六叔父祭祖告别，前往杭州，参加乡试，未中。

蔡元培接受私塾教育前后整整十年。在这十年里，蔡元培所学的主要是些应付科举考试的内容：识古字，读儒家经典，学做八股文。但这十年毕竟是蔡元培接受教育的开始，为他进一步求学打下了扎实的国学基础。并且，十年旧式私塾教育，使他对中国传统教育的利弊有了深切的体会，这对他后来从事教育改革不无裨益。然而，就是这样一个中国传统的旧式士大夫，不想后来竟愤然与清廷决裂，走上了轰轰烈烈的革命道路。

徐氏铸学斋里遇知音

考中秀才，本来可以获得进入官立学校深造的机会，但蔡元培并没有进学校深造，却当起了塾师。在1884至1885的两年里，他先后在姚家和单家执教。同时，因不再受王子庄先生之拘束，可以放胆阅书。据他自己回忆：“那时我还没有购书的财力，幸而我第六个叔父茗珊先生有点藏书，我可以随时借读，于是我除补读《仪礼》、《周礼》、《春秋公羊传》、《谷梁传》、《大戴礼记》等经书外，凡关于考据或词章的书，随意检读。”

蔡元培20岁时，经由六叔介绍，到同乡藏书家徐氏家里为徐君以愻（名维则）伴读，同时为铸学斋做些校订工作。铸学斋坐落在绍兴城里水澄巷，是徐家的一幢藏书楼。这里与笔飞弄只有一里远的路程，进铸学斋是蔡元培一生中的一个机缘，使他的视野得以摆脱八股束缚，也使他在自学成才道路上跨出了重要的一步。县绅徐树兰有教育救国、育才救国的思想，特别是他对藏书主张“存古”与“开新”并重。他既反对“详古略今”，也反对“尚今蔑古”，提倡“学古通今”、“博求中外”。这对蔡元培日后学术兼收并蓄、新旧贯通思想的形成产生了深远的影响。

蔡元培在自由读书期间，得益最大、所受影响最深的是训诂学家朱骏声的《说文通训定声》、史学家章学诚的《文史通义》和名学者俞正燮的《癸巳类稿》及《癸巳存稿》。后来，蔡元培回忆自己青年时代这段读书生活时说："我青年时代所喜读的书，虽不止这三部，但是这三部是我深受影响的。"

除读书外，蔡元培在徐家还与徐友兰及其子徐君以憖结下深厚的友谊，并结识了一批学友。他们经常一道看书交流，切磋学问。晚年，蔡元培回忆起在徐家的这段读书生活，始终有一份怀恋之情，说道："我到徐氏（家）后，不但有读书之乐，亦且有求友的方便。"从1886至1889这四年的校书工作中，在学业上，蔡元培博览群书，开拓眼界；在思想上，他广泛涉猎，触类旁通。这是他不断进步的四年，为日后独立钻研、自学成才打下坚实的基础。

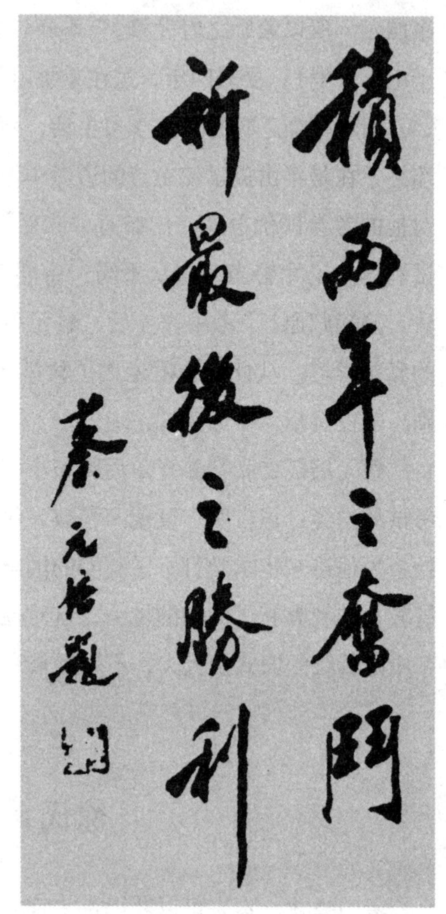

蔡元培手迹。

金榜题名，入仕翰林院

科举制度自隋唐以来，特别到明清两朝，读书人都将考科举当成鲤鱼跳龙门。有年纪轻轻考上科举的，也有白发苍苍考了一辈子的。作为接受旧式教育的蔡元培也不例外。1872年，刚满5岁的蔡元培就在家庭的安排下，开始了向科举制的"龙门"进军。他17岁考中秀才，23岁中举人，26岁得进士，到28岁，蔡元培已经实现了旧式知识分子的最高理想，登科殿试，成为当朝翰林院的编修。

国子监图。

1889年春，与王昭女士新婚不久的蔡元培应科试，列第一名。8月底，蔡元培同老师王佐、同学徐维则、朱允中从绍兴乘船经萧山西兴过钱塘江，赶到杭州应乡试。经过三场考试，成绩甚佳，主考官李文田对他的试卷甚为满意。对第一场，三艺被评为“首艺安章定句，不落恒蹊；次跟定章旨，语无泛设；三充畅。诗可”。第二场评为“五艺一律清顺”，“引证宏博”。第三场，五项答问，评为“词意整饬”。9月，浙江乡试发榜，蔡元培考中了第二十三名举人。

1890年早春，24岁的蔡元培与同学徐维则一道风尘仆仆地前往京城参加会试。会试分初试、复试。初试分三场：第一场他写的文章一点不像八股文；第二场、第三场卷子的文章“引经据典，渊博异常”，使主考官王颂蔚大为惊奇。于是合并三场试卷郑重推荐，对蔡元培大加赞赏。但是蔡元培自己却认为第一场交了一篇“怪八股”，自己的小楷又不佳，所以希望落空了。他未等复试就告假归来，到上虞县志局去担任总纂。但到家不久，会试联捷的喜报到了，中了第八十一名贡士，但再要返京应复试已来不及了。

慢了一步，迟了一度。“状元三年一考”，只好等待下一期了。两年以后，1892年4月，刚26岁的蔡元培去北京补复试。复试是殿考，在清朝皇宫的三大殿之一的保和殿里举行。这是封建科举制度中最高一级的考试，被录取的称为进士。前三名列为一甲，第一名就是状元，第二名叫榜眼，第三名叫探花，称为进士及第，二甲三甲各若干名，称为赐进士出身。

有些应试的贡生望题兴叹，头冒热汗，不知从何下笔。同场考试的蔡元培却一气呵成，对答如流，好些考生只能看着他奋笔疾书的背影，仰天长叹，既生瑜何生亮。如其中有一道关于西藏地理状况的题目，可急坏了平时只懂四书五经的考生，个个只能看着题目大眼瞪小眼。由于蔡元培平日关心祖国历史兴衰，疆域变迁，熟悉边陲史地，所以他能详细叙述西藏的广阔地域和错综的山川，这也可见他史地知识的根底。结果被录取二甲第三十四名进士。

最后，蔡元培凭着出色的才学，深厚的文学功底，即被点入翰林院为庶吉士。过了两年，28岁，授职翰林院编修。蔡家门斗内挂起了红底金字“翰林第”的匾额，笔飞

臣對臣聞三代盛時學賅於治治辰於官官司職業周禮
備矣帝王經論於茲集成諸子之書權輿焉爾楊榮山川
縣土地域以立城郭是為形法家出於職方形方之官使
章名位課責實事以定民志是為名家出於禮官斟量道
賓要會政貢以斛度支是為農家出於農稷之官管鑰權
謀稽檢鉀鏁以周武衛是為兵家出於司馬之官班固曰
今異家者各推所長窮知竟慮以明其指皆六經之支流
使其人遭聖主得其所折中皆股肱之材淘知言矣欽惟
皇帝陛下祖述堯舜憲章文武宗師仲尼既以儒學為天下大
經大本而又網羅百家以興庶績誠所謂治無不貫其道
聖德質淵符同道要持帝典之克操益大易之亹亹進臣等於
廷而策以地理禮儀食貨兵衛諸大政如臣常粒何足以備
延聞顧惟小說家者流閭里小知道聽塗說者之所造亦

蔡元培考进士时殿试卷的手迹。

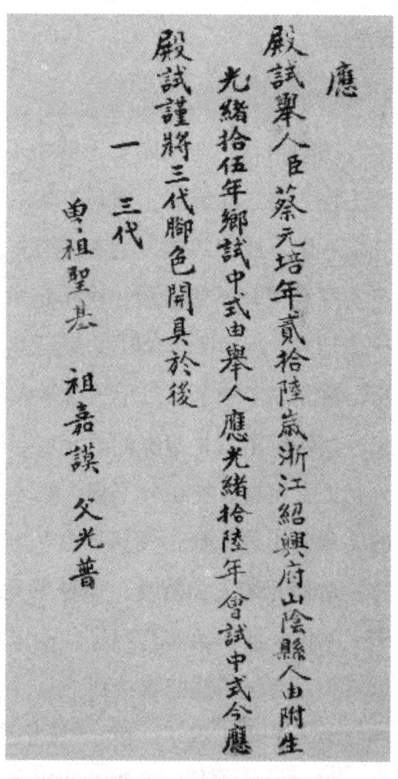
應
殿試舉人臣蔡元培年貳拾陸歲浙江紹興府山陰縣人由附生
光緒拾伍年鄉試中式由舉人應光緒拾陸年會試中式今應
殿試謹將三代腳色開具於後
一 三代
曾祖聖基　祖嘉謨　父光普

蔡元培26岁中进士，授翰林院庶吉士。

弄“翰林台门”从此名扬全城。

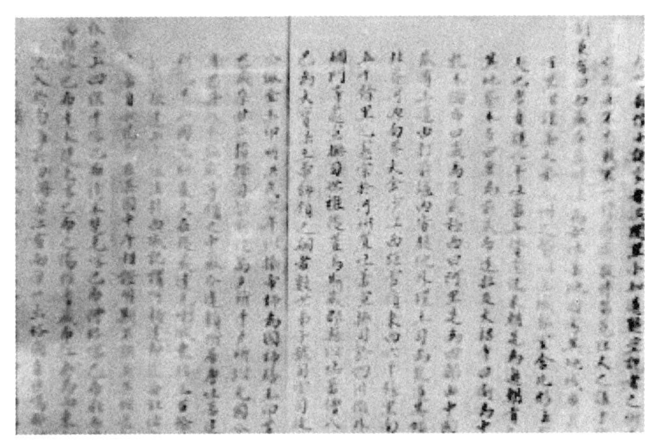

1892年蔡元培赴京应试，这是他的殿试试卷《西藏策论》。

在蔡元培成为翰林院编修期间，正值戊戌变法开展。早在戊戌变法的前夕，他广泛接受西学，阅读了西方许多书籍，不管是自然科学的，还是人文的社会科学哲学的。据他的日记记载，从1894年到1899年间，蔡元培阅读的西方著作多达百余种，其中不仅有外国史地、政治、战史、哲学，还有大量的自然科学书籍，包括希腊的《几何原本》、《农学新法》、《代数通艺录》、《电学入门》等等。这时，他对朝廷里康、梁等人轰轰烈烈的变法维新运动已经不感兴趣，他决定返回家乡兴办教育。他觉得，几个人的反抗起不了多大作用，要想从根本上提升国民素质，非兴办教育、培养人才不可。他的思想发生了根本性的转变，从一个传统的文人转变到一个资产阶级革命家。家乡绍郡中西学堂变成了他实现教育救国梦想的第一站。

海外游学，积淀西学文化底蕴

蔡元培生长在一个社会动荡不安、国家备受外来列强凌辱、中西文化激烈碰撞的时代。他多次远渡重洋，留学德、法等国，前后时间累计长约十年。早在维新运动之初，蔡元培就开始受新思潮的影响，关注西学，接触西方资产阶级政治学说和科学文化知识。他清楚地看到，19世纪以来的欧洲文明已领先世界，中国若要强盛，必须学习欧洲，而实现此愿的捷径便是走出国门，放眼西方，了解世界。

三次留学德国

蔡元培前后三次留学德国，共计五年。1907年，清廷派遣翰林赴德考察计划搁浅后，蔡元培本来有一个公费游学日本的机会，对于当时已经是翰林学士的蔡元培来说，

1907年蔡元培留德前夕摄于北京及写在照片背面的留言。

蔡元培1907年留学德国柏林时留影。

去德国留学是一个艰难的决定。在留学生中蔡元培的年龄是很大的，再加上语言不通，经费不足。尽管困难重重，他还是毅然放弃公费游学日本的机会。

蔡元培为什么要把德国作为他的留学首选呢？他在《为自费游学德国请学部给予咨文呈》写道："窃职素有志教育之学，以我国现行教育之制，多仿日本。而日本教育界盛行者，为德国海尔伯脱派。且幼稚园创于德人弗罗比尔。而强迫教育之制，亦以德国行之最先。现今德国就学儿童之数……欧美各国，无能媲者。爰有游学德国之志，曾在胶州、上海等处，预习德语。……职现拟自措资费，前往德国，专修文科之学，并研究教育原理，及彼国现行教育之状况。至少以五年为期，冀归国

Wilhelm Tell

Ein Landmann aus Bürglen im Kanton Uri, Schwiegersohn Walther Fürsts von Uri. Als er 18. Nov. 1307 den vom Landvogt Gessner zu Altorf als Zeichen der österreichischen Hoheit aufgesteckten Hute die befohlene Reverenz nicht erwies, gebot ihm der L. Vogt als berühmten Armbrustschützen, einen Apfel von dem Haupt seines Söhnleins zu schiessen. Auf die Drohung, das Kind müsse sonst mit ihm sterben, tat T. den Schuss und traf d. Apfel. Als er aber auf die Frage nach dem Zweck des zweiten Pfeils, den er zu sich gesteckt hatte, antwortete, dass derselbe, wenn er sein Kind getroffen, für den Vogt bestimmt gewesen, befahl dieser ihn gefesselt auf seine Burg nach Küssnacht überzuführen. Auf dem Vierwaldstätter See aber brachte ein Sturm das Fahrzeug in Gefahr; T. ward seiner Fesseln entledigt, um dasselbe zu lenken. Geschickt wusste er das Schiff gegen das Ufer, wo der Axenberg sich erhebt, zu treiben, sprang dort vom Bord auf eine hervorragende Felsplatte, welche noch jetzt die Tellplatte heisst, eilte darauf über das Gebirge nach Küssnacht, erwartete den Vogt in einem Hohlweg, Hohle Gasse genannt, und erschoss ihn aus sicherem Versteck mit der Armbrust.

蔡元培德文手迹。

以后，或能效壤流之助于教育界。”他认为，“世界学术德最尊”，“游学非西洋不可，且非德国不可”。

1907年6月10日，蔡元培随出使德国的大臣孙宝琦等离京，取道俄国，经陆路前往德国留学。这是他第一次留学德国，到柏林后，他与齐宗颐、钱方度同住一个宿舍。齐通晓德语，钱擅长英语，蔡元培得到了他们的不少帮助。蔡元培初到德国，经费不足，所以他在柏林坚持半工半读，比如当家教讲授国语，为商务印书馆编译书籍，一来可以挣点钱，二来可以学习德语。

蔡元培先花了一年时间在柏林学习德语，经时任莱比锡大学中国文史研究所负责人、德国著名汉学家孔好古（August Conrady，1864—1926）教授介绍入莱比锡大学。1908年10月15日，他在莱比锡大学注册入学。蔡元培在莱比锡大学留学三年。根据莱比锡大学保存的有关学籍资料、学生毕业证书和修课记载，由于担心学校不招收40岁以上的学生，所以蔡元培在第一次留学莱比锡大学时，曾先后于1908年10月15日和1910年10月19日两次注册。他注册的是哲学系学生，两次注册填的年龄均是35岁。1911年11月4日，他获得莱比锡大学颁发的修业证书。三年期间，蔡元培共修课37门，涉及哲学、历史、文学、美学、教育学等领域。

莱比锡大学历史悠久，学术氛围浓厚，大师云集，培养出了许多杰出人物。蔡元培通过听著名学者的授课，获益匪浅，思想深受影响。他在自述中写道："我于讲堂上既常听美学、美术史、文学史的讲演，于环境上又常受音乐、美术的熏习，不知不觉地渐集中心力于美学方面。尤因冯特讲哲学史时，提出康德关于美学的见解，最注重于美的超越性与普遍性，就康德原书详细研读，益见美学关系的重要。"蔡元培后来重视美育，大力倡导美育，在北京大学首先创设研究所，主张高年级学生可在研究所从事研究等，这些都与他留学德国时所受到的深刻影响有关。

蔡元培1909年在德国时的留影。

1911年，辛亥革命爆发。蔡元培在德国报纸上看到武汉起义的消息，并对革命胜利充满信心。为了响应辛亥革命，协助他的革命挚友孙中山的伟大事业，蔡元培回国了。蔡元培此次留学于1911年11月28日回到上海，历时近四年半。

第二次留学德国是辞去中华民国首任教育总长之后。1912年7月，因对袁世凯专权不满，蔡元培毅然辞去教育总长职务。他携夫人黄仲玉、长

1913年蔡元培在莱比锡大学与夫人黄仲玉、女威廉、子柏龄的合影。

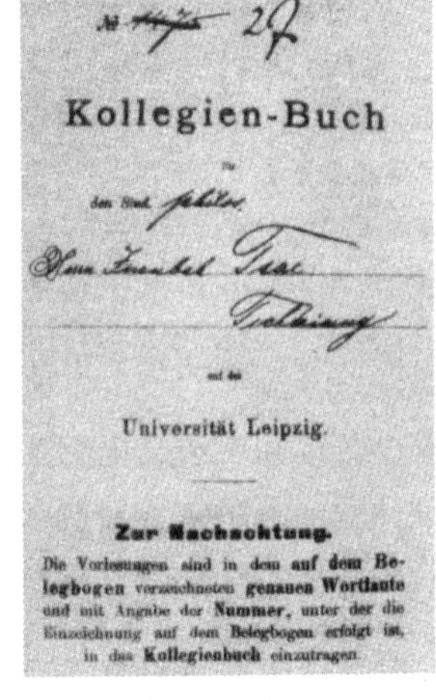

Kollegien-Buch

für

den Stud. philos.

auf der

Universität Leipzig.

Zur Nachachtung.

Die Vorlesungen sind in dem **auf dem Belegbogen** verzeichneten **genauen Wortlaute** und mit Angabe der **Nummer**, unter der die Einzeichnung auf dem Belegbogen erfolgt ist, in das **Kollegienbuch** einzutragen.

蔡元培在德国留学时的课程选修证明。

蔡元培留学德国时翻译的《伦理学原理》德文原著。

女威廉、三子柏龄在上海乘奥地利轮船“阿非利加”号前往德国。他再次走进莱比锡大学听课，并在兰普雷茨教授主持的文明史与世界史研究所从事研究。他曾应邀帮助兰氏用中文编撰中国文明史材料，由顾孟余翻译成德文。蔡元培自1912年11月1日注册入学。

1913年5月18日因宋教仁案，受孙中山之召启程回国参与“二次革命”，此时蔡元培的兴趣仍集中在美学。从1912年7月至1913年5月，蔡元培第二次到德国留学的时间不到一年。

蔡元培第三次赴德学习是在1924年11月。1923年初，为抗议教育总长彭允彝干涉司法独立，蹂躏人权，不满“政治清明之无望”，时任北大校长的蔡元培发表《不合作宣言》，辞职离京。1923年7月20日，蔡元培偕新婚夫人周峻及女儿威廉、儿子柏龄从上海搭乘“波楚斯”号轮船前往比利时布鲁塞尔。然后到法国，夫人周峻和女儿威廉，分别进入巴黎美术专门学校、里昂美术专门学校学习。蔡元培自己则一面从事著译，学习外文，一面协助办理华法教育会和里昂中法大学的事务。1924年11月经原莱比锡大学同学、德国民族学家但采尔（Theodor-Wilhelm Danzel）教授推荐，转往德国汉堡大学，从事民族学研究。他还参加各种国际学术会议，或者撰写文章，利用各种机会和场合，向世界介绍中国，尤其是中国的文化教育，充当中外文化教育交流的使者。蔡元培第三次赴德学习为时约一年，后又转往法国等地。1926年1月2日，蔡元培启程回国。

对于此行，他曾写道：“前年夏季启程来欧，拟以一年，专研美学，于素来未得解决之诸问题，利用欧洲图书馆、博物馆，潜心研究，冀得结果……自去年11月，即屏除一切，专心求学。冀再历一二年，稍有所得，以副研究之名。”

留学法国

“二次革命”失败后，蔡元培再次携家眷于1913年9月离开上海，开始他的第三次前往欧洲游学，直到1916年11月。他在欧战爆发的动荡年月办杂志、著述和中法文化交流活动，参与旅法学界西南维持会的活动，并在巴黎开办了华工学校，建立华法教育会，任中方会长。

早在初次留学德国时，蔡元培就对悠久灿烂的法兰西文化充满向往，并与当时留法学习生物、农科的李石曾保持联系，利用暑期游览巴黎。1912年蔡元培担任教育总长后，积极倡导公民道德教育，极力推崇“自由、平等、博爱”的法国模式，强调“何谓公民道德？曰法兰西之革命也，所标揭者，曰自由、平等、亲爱。道德之要旨，尽于是也。”在科学方面，他认为：“近世言科学者，率推德法两派。法人多创见，德人好深思，两者并要，而创见尤为进化之关键也。”

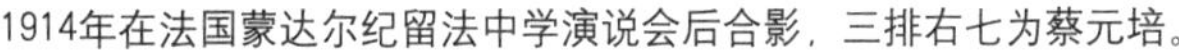

1914年在法国蒙达尔纪留法中学演说会后合影，三排右七为蔡元培。

1916年任华法教育会会长时的蔡元培。

1918年生物学讲师李石曾送别会合影。

与此前在德国留学不同，蔡元培在法期间没有进入专门学校学习，而是以从事研究工作为主，先后完成的著述有《哲学大纲》、《华工学校讲义》、《文明之消失》、《康德美学述》等。

1915年他和李石曾在法国发起组织勤工俭学会，以“勤于工作，俭于求学”为宗旨。蔡元培为勤工俭学会举办的华工学校编写讲义，并亲自为学生讲授德育和智育。1916年又与汪精卫、李石曾等人联络法国教育界成立华法教育会，被推举为中方会长。该会以“发展中法两国之交通，尤重以法国科学与精神之教育，图中国道德、知识、经济之发展”为宗旨。

为了加强中法两国的文化教育交流，方便国内许多无力出国求学的青年，蔡元培同吴玉章、李石曾、吴稚晖、汪精卫等，联络法国巴黎大学历史学教授、巴黎自由教育会会长欧乐，法国众议员穆岱等学者及社会名流，发起创立华法教育会。1916年3月29日，在巴黎自由教育会会所召开华法教育会发起会，蔡元培在《华法教育会之意趣》的

1916年法国与华法教育会人士合影，四排左二为蔡元培。

蔡元培在法国组织勤工俭学运动。

演说中指出，阻碍教育发展的障碍有二：一是君主，二是教会。而法国自革命成功，共和确定，教育界已一洗君政之遗毒；自1886年、1901年、1912年三次制定法律，又一扫教会之霉菌。所以，在他看来，“现今世界之教育，能完全脱离君政及教会障碍者，以法国为最”。他相信华法教育会的成立，必将促进法国文化教育对中国的影响，“此后之

1924年蔡元培（中）在法国参观。

1924年与家人在法国留影，左二为蔡元培。

灌输法国学术于中国教育界，而为开一新纪元者，实将有赖于斯会”。由此可知，蔡元培后来主张教育独立，试行大学区制，从思想渊源上来说，明显是在他留学法国期间，法国教育经验给他留下的深刻影响。

第一次世界大战爆发以后，在法的华工日益增多。在陌生的法国，许多华工都面临语言、生活、工作等诸多方面的困难。因此开展旅法华工的教育，对这些华工进行法文、中文、普通科学知识和行为规范等方面的教育就变成华法教育会的一项重要工作。第一期为师资班，招生24人，由蔡元培主持招生考试。4月开学后，蔡元培亲自在华工学校授课，并结合华工的实际需要，编写了《华工学校讲义》，它体现的基本精神是：“一在保全华工固有之美德，益发挥而光大之；一在修补华工向来所不免之缺点，曲喻而善导之。”此讲义后来被翻译成多种语言，在各国发行，可见蔡元培编写的《华工学校讲义》受到各类学校的欢迎，其影响既广泛又久远。

华法教育会的另一项重要活动内容，是组织和推动国内青年赴法勤工俭学。众所周知，留法勤工俭学在中国近代历史上有重要意义，它对于促进中西文化教育交流，推动中国人民学习西方文明，吸收西方近代先进的自然科技知识，培养具有国际视野的人才起了积极作用，其中蔡元培的功绩不可低估。

畅游异域，探寻新知

蔡元培前后数次出洋留学游学，除欧洲、美洲国家外，蔡元培还多次前往日本。第一次是1902年在南洋公学任教期间，暑期赴日游历。1903年，蔡元培为躲避清廷侦讯，再度短暂赴日。1929年7月，他又第三次前往日本游览。

1920年10月至1921年9月，蔡元培还以北大校长的身份赴法国、德国、瑞士、奥地利、比利时、荷兰、意大利、匈牙利、英国以及美国、加拿大等国。全面考察高等教育制度和科研体系，访问当地的著名大学和研究机构。1920年10月20日蔡元培在《北大话别会演说词》中，对这次考察提出了如下任务：一是考察近年各国大学教育改革的状况；二是了解和帮助中国留学生，以为将来聘请到北大执教做准备，同时聘请外国教员；三是向华侨募捐，建造北大图书馆；四是为北大采办仪器、采集书籍；五是与各国政府商量退还庚子赔款事宜；六是考察勤工俭学情况。其中主要是前面三项。所以1921年5月12日，《在爱丁堡学术研究会晚餐会上的答词》中，他将此次出

1921年8月率中国教育代表团出席在檀香山举行的太平洋各国教育会议时与代表团成员合影，中坐者为蔡元培。

访的目的概括为三个：第一，调查欧美大学情形，为中国大学标的；第二，访求教员；第三，筹款扩充北大图书馆。

他还拜访了一些世界著名科学家，邀请他们在适当的时候来华讲学。如3月8日，他偕同李圣章访问居里夫人的镭锭研究所，感到居里夫人“朴质诚恳”。居里夫人称，中国不可无实验镭锭之所，如在北京建设，则较为清静，不似巴黎之嘈杂而多尘烟。蔡元培邀请她访问中国，她表示今年暑假没有时间，但以后可以考虑。3月16日，蔡元培又同夏元瑮、林志钧一同访问爱因斯坦。爱因斯坦表示愿意访问中国，“但需稍迟”。后来的事实表明，爱因斯坦的表态是认真的。1922年12月，他明确表示，在访问日本后，于1922年冬到北京大学讲学，为期两周。北京大学为迎接爱因斯坦来访，做了精心准备，举办了爱因斯坦学说系列公开讲演。然而遗憾的是，由于双方理解的差异和信函被耽搁，爱因斯坦在日本东京久等而未能来中国。蔡元培说，邀请爱因斯坦来北大讲学，

1921年8月在檀香山出席太平洋教育会议期间参观菠萝园，右四为蔡元培。

“早经彼与驻德使馆约定，本没有特别加约的必要。我们和各种学术团体致函欢迎，是表示郑重的意思。一方面因候各团体电复，发出稍迟；一方面到日本后因他的行踪无定，寄到稍迟。我们哪里会想到他还在日本候我们北京的消息，才定行止呢？”结果，爱因斯坦与北京大学失之交臂。

蔡元培在考察期间，与有关国家的中国留学生进行了广泛接触。他利用出席中国留学生的欢迎会、与他们交谈等机会，向留学生介绍国内情况，勉励他们勤奋学习，学成之后报效祖国。如5月12日，他在英国爱丁堡中国学生会及学术研究会欢迎会上发表演说，指出：学必借术以应用，术必以学为基本，两者并进始可。希望留学诸君，不可忽视学理。在介绍国内情况时，他说中国现在的政治可谓是坏极了，一切大权皆掌握在督军手中，人民怨恨督军，都主张“废督”，大概不久督军也确实会消灭。但是随之而来的重要问题是，督军消灭之后，又将何以处之？在他看来，“现在极要的，是从‘地方自治’入手。在各地方设高等教育机关，使人民多受教育，自然各方面事务都有适当的人来担任。希望诸君专心求学，学成可以效力于地方，这是救国最好的方法”。

在当时，中国对西方各国的历史文化已有了一定的了解，但西方对中国知之甚少，蔡元培利用这次出国考察的机会，向各国大力介绍中国的文化教育。如1921年6月2日，在美国新闻家文艺学会招待会上，他作了题为《中国文学的沿革》的演说，介绍中国自《书经》、《诗经》以来文学的发展概况，着重阐述了自19世纪末以来，中国文学发展中的两大改革：提倡白话文和采用注音字母。指出这种改革，不仅有利于中国教育的普及，同时也有助于促进国际间的相互了解。“因为中国用了注音字母，又用了白话文，西方人学习中国的语言文字容易得多，便可以洞悉中国的人情风俗，与现今改进的趋势，不致时时误会，于国际上必很有益的。”

在这次出国考察期间，也是蔡元培内心最痛苦煎熬的一段时间。这一时期，他接连痛失几位亲人，但由于国事大于家事，他忍着悲痛并出色地完成了此次考察任务。1921年1月9日，他刚走出国门不久，即接蒋梦麟、谭仲逵的电报，报告了夫人病逝的噩耗。他悲痛万分，撰写了《祭亡妻黄仲玉》一文。此文情真意切，感人肺腑，在一个较长时间内，都被我国的中学选为语文课文。4月20日，蔡元培又接到宋汉章的电报，告知从弟蔡元康病逝。这对他又是一个沉重的打击。悲从心来，他在日记中写道：“谷清少于我十四岁，在革命运动及教育事业，力为我助。留学日本，治法律及经济，曾任苏州审判厅长，后改入金融界，任中国银行杭州分行行长，对于浙江省公益，亦多所尽力。特此以往，大有可为。今年仅四十三岁耳，竟以暴疾殁，哀哉！惜哉！我今次西游，既哭仲玉，又哭谷清，旅中郁悒，非可言宣。”内心的悲哀与痛苦，跃然纸上。

了解异域文化，领悟历史变因，理论结合实践，这是蔡元培游学的目的。在《自写年谱》中，他回忆道：“德国最大文学家哥德氏（Goethe）曾在莱比锡大学肄业，于其最著名剧本《弗斯脱》中，描写大学生生活，即在莱比锡的奥爱摆赫酒肆中（Auerbach）。此酒肆为一地底室，有弗斯脱博士骑啤酒的壁画，我与诸同学亦常小饮于该肆。”德国著名思想家和哲学家莱布尼茨（Gotffried Wilhelm Leibniz,1646—1716）和尼采（Friedrich Wilhelm Nietzsche，1844—1900）也曾在莱比锡大学就读。在莱比锡三年，他在德国境内曾到过德累斯顿、慕尼黑、耶拿等城市。

以“我”化之，融合创新

对于学习西方文化的态度，蔡元培也讲到他的担忧和建议：“吾国学生游学他国者，不患其科学程度之不若人，患其模仿太过而消亡其特性。所谓特性，即地理、历史、家庭、社会所影响于人之性质者是也。学者言进化最高级为各具我性，次则各具个性。能保我性，则所得于外国之思想、言论、学术，吸收消化之，尽为‘我’之一部，而不为其所同化。否则留德者为国内增加几辈德人，留法者、留英者，为国内增加几辈法人、英人。……失其我性为可惜也。”据蔡元培观察，“往者学生出外，深感刺激，其有毅力者，或缘之而益自发愤。其志行稍薄弱者，即捐弃其‘我’而同化于外人”，所以他向学生们提出了“必须以‘我’食而化之，而毋为彼所同化”的要求。

吸收西方先进文化，对其予以“我”化，以发展华夏文化是蔡元培主张向西方学习的根本目的。蔡元培认为，纵观历史，凡有不同的文化互相接触，必能产生一种新文化，一个民族文化的进步则是一个与其他民族的优秀文化互相吸收和融合的过程。蔡元培的这种兼容中西并加以创新的观念，是基于他初次留德从事的比较文化研究，同时也是基于他渊博的中国传统文化知识及不同的工作阅历，使他看到了华夏文化灿烂的一面，意识到吸收西学之长需要结合国情，有的放矢，而非盲目崇洋媚外，全盘照搬。留学期间，他撰写的《中国伦理学史》和《哲学纲要》等，均熔冶中西文化于一炉。对于跨文化学习方法及其妙处，蔡元培强调指出：“必须首先领会得西洋科学的精神，然后用它来整理中国的旧学说，才能发生一种新义。”

如何正确对待中西文化、传统文化与近代文化，蔡元培的态度和主张不是简单地全

1921年9月20日北京大学举行大会，欢迎蔡元培考察欧洲教育后归国，中坐者为蔡元培。

盘肯定或全盘否定，而是要比较、分析、选择，吸收为己有，保持自我特性，发扬光大。我们可以从他以下论述中管窥：

我中国人向有一弊，即自大；及其反动，则自弃。自大者，保守心太重，以为中国有四千年之文化，为外国所不及，外国之法制皆不足取；及屡经战败，则转而为崇拜外人，事事以外国为标准。

主张保存国粹的，说西洋科学破产；主张输入欧化的，说中国就文明没有价值。这是两极端的主张。

研究也者，非徒输入欧化，而必于欧化之中为更进之发明；非徒保国粹，而必以科学方法，揭国粹之真相。

鉴旧学之疏，而以新学进之，则可；谓既有新学，而一切旧日之经验皆得以吐弃之，则不可。

吾人所已有者，发挥而光大之；吾人所未有者，选择而补益之。

故人类分子，决不当尽归于同化，而贵在各能发达其特性。吾国学生游学他国者，不患其科学程度之不若人，患其模仿太过而消灭其特性。……能保我性，则所得于外国之思想、言论、学术，吸收而消化之，尽为‘我’之一部，而不为其所同化。

一民族之文化，能常有所贡献于世界者，必具有两个条件：第一，以固有之文化为基础；第二，能吸收他民族之文化以为滋养料。此种状况，在各种文化事业均可见痕迹，而尤以美术为显而易见。

受聘绍兴中西学堂总理，初践“教育救国”理想

冷眼看变法，弃官从教

青年时期的蔡元培饱受旧学教育，自17岁考中秀才后在清末科举考场上一路顺利，1889年23岁时应乡试中举人，次年去北京应会试，告捷。1894年他28岁时再去北京补复试，中进士，被点为翰林院庶吉士，到北京应散馆考试，授职翰林院编修，自此涉足清政府官场。蔡元培虽为一个出身翰林的文人，但自1895年甲午战争后，他冲破传统的藩篱，对新学表现出极大的兴趣和求知的欲望，开始由一个旧式士大夫向新型知识分子转变。特别是戊戌变法时期，他深感清廷腐朽不堪，“无可希望”。然而，他又对康、梁领导的变法维新的政治运动并不热心。他认为，戊戌变法失败“在于不先培养革新人才，而欲以少

主持绍郡中西学堂时的蔡元培。

1894年7月21日蔡元培和李慈铭《庭树为风雨所折叹》五律一首手迹。

数人弋取政权，排斥顽旧，不能不情见势绌”的缘故，只有培养大批有知识、有新思想的人才，提高民众的文化水平，中国才有希望。

于是在1898年9月，蔡元培毅然弃官出都，返乡南下兴办教育，开启了他漫漫求索的“教育救国”之路。绍兴中西学堂便是他实践这一理想的开始。

19世纪末，在维新思潮的冲击下，一批有识之士通过举办新式学校来传播、研究西学，蔡元培的老家绍兴也不例外。1897年春，县绅徐树兰和绍兴知府熊起磻在绍兴用地方公款创办了一所新式学校——绍郡中西学堂。学堂依学生程度分为三斋，略如后来的高小、初中和高中。徐树兰自任督办（即校董），另聘一人为监董（即校长），主持校务。1898年12月，徐树兰和熊起磻聘请蔡元培主持校务，名称也由监董改为总理。

开放管理，办新式学堂

蔡元培就任中西学堂总理后，在努力听取不同意见的基础上，大胆改革当时洋务学堂的专制集权管理模式，实行一种较为开放的管理。他上任不久即着手制定了《绍兴府学堂学友约》，其中一个主要的目的就是“爰仿外国学堂评议员之例，广援同志，联为学友”，参与制定与纠正学堂办事授业之章程和教科书的编写以及评议学生的检束等工作。蔡元培采取一系列管理办法，尝试办出有特色的新式学堂。

一是聘请称职的教员。蔡元培投身教育是要为国家造就实用人才，为社会培养革新人才。他指出：“为保国强种之本者，非学堂也哉。”为此，他在选聘教员时，比较注重志同道合和倾向新学者。他在接办学校的第六天，便将所聘教员名单报知府熊起磻批示：由马用锡（湄莼）任经学、史学、词学教员，薛炳（阆仙）为经学、词学教员，马纲章（水臣）、冯学书（仲贤）为词学教员，赏乃勋（星槎）、褚闰生为蒙学教员，蓝寅（筠生）、俞墉（伯音）、陈凤锵（子仪）为英文教员，戴儒珍（铭甫）为法文教员，杜炜孙（亚泉）为算学、物理教员，寿辅清（孝天）为算学教员。这些教员，都是当时绍兴“极一时之选”的人物。为提高学堂的教学质量，蔡元培还不惜重金聘请外籍教员，如学堂先后聘请日人中川外雄、藤乡担任日文和体操教员。在受到旧派教员保守观念阻挠时，蔡元培坚持办学宗旨，大力支持新派教员。因学堂堂董妄加干涉，蔡元培愤而辞职，并在致该学堂堂董的信中说：“若日将为之以避祸也，则元培固不畏祸。元培近得练心之要……凡所见闻，返之吾益已益世之心而安，则虽阻之以白刃而必行，返之吾心而不安则迫之以白刃而不从。盖元培所慕者，独谭嗣同耳。”他又说：“元培所理者，学堂而已。……有与元培同志而不畏祸者，共事可也。教习而畏祸也者，辞职可也。学生而畏祸也者，告退可也。绅董而畏祸也者，绝交而勿干与焉可也。”

二是想方设法改善办学条件。接办学堂伊始，他便在校内设立名曰“养新书藏”的图书馆，并手订借书条例15条，规定除本校师生借阅外，校外凡助银10元以上者，允许1人借书，50元以上者，允许4人借书，其余以此为差。一方面利用社会力量增加学校的藏书，同时学校丰富的藏书有偿向社会开放，取之于社会，又服务社会，使学校、社会双方受益。平时一有机会，蔡元培总是托人求购各种新书和有关教学仪器设备。1899年6月，校董徐树兰前往上海，蔡元培即托其购买日本教育社物理、化学、助力器械及化学药品和动物标本，并写信给上海的张元济，托其代购南洋公学所编书籍。由于蔡元培的重视，中西学堂成为当时绍兴藏书最丰、教学仪器设备最好的一所新式学校。

三是改进教学方法，实行因材施教。蔡元培根据学生国学程度的高低分为三斋，分别教授国学课程，第一斋为蒙学斋，第二斋为词学斋，第三斋为理学斋。同时学生又可按自己算学、外语的程度，到不同的级别去听课，不受原来所在斋的限制。例如，有的学生根据其国学程度被列在第三斋，但外国语可到第二斋就读，算学或者可到第一斋学习。蔡元培对同学们严格管理，亲手制订学堂授课及作息时刻表，规定学生每天早晨5点起床、盥洗，6点吃早饭，上午7点外语及算学各班上课，12点吃午饭；

下午2点起，国学（读书、温书、讲书）各班上课，6点体操，7点晚饭，8点余课，9点就寝。

在蔡元培的严格管理下，当时在中西学堂就读的学生，不少在后来文教界有所表现。如后来曾任北大校长的蒋梦麟和地质学教授王烈，都是那时第一斋的小学生。后曾任中央研究院秘书的马禩光和任浙江省教育厅科员的沈光烈，都是第三斋的高才生。

四是更新教学内容，增设新课程。在蔡元培掌校期间，中西学堂的课程除讲授中国文学、经书和历史之外，还开设了西洋学科，如物理、化学、动植物学、算学（包括代数、几何）、外国语（英文、法文、日文）和体操等。特别是化学、动植物学等课程的开设，不但使学生们接触到了近代自然科学知识，激发了他们的科学兴趣，而且也改变了他们的思想观念。当时在第一斋念书的蒋梦麟后来在《西潮》一书中就提到中西学堂所设课程对他当时思想所产生的巨大影响。他这样回忆说："我在中西学堂里首先学到的一件不可思议的事是地圆学说。我一向认为地球是平的。后来先生又告诉我，闪电是阴电和阳电撞击的结果，并不是电神的镜子里发出来的闪光；雷的成因也相同，并非雷神击鼓所生。这简直使我目瞪口呆。从基本物理学我又学到雨是怎样形成的。巨龙在云端张口喷水成雨的观念只好放弃了。了解燃烧的原理以后，我更放弃了火神的观念。过去为我们所崇拜的神佛，像是烈日照射下的雪人，一个接着一个融化。这是我了解一点科学的开端，也是我思想中怪力乱神信仰的结束。"

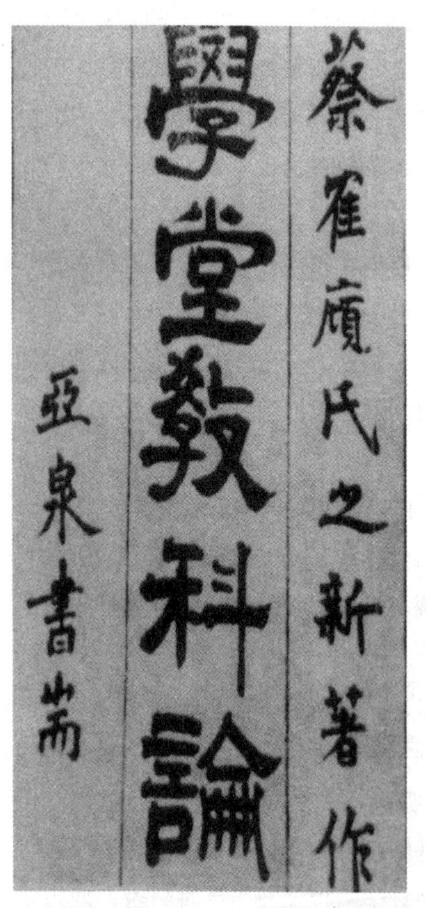

1901年蔡元培所著《学堂教科论》石印版封面。

五是走出校门，尝试书院制度改革。在任中西学堂总理期间，蔡元培同时兼任嵊县剡山书院院长。蔡元培提出一套新的办学宗旨和教学方法，规定"学当以益己、益世为宗旨"，求学者"平日当究心有用之学"，力戒徇俗，做到自治自立，不盲从，实事求是，闻一言，见一事，必探源溯由，不为一切捕风捉影之谈、忍心害理之事、附热避祸之术所惑。他特别强调，为学者必须放弃读书做官的思想，指出士者无论做官，还是为师，“实言之，则皆工耳”。但由于当时士人读书做官的思想根深蒂固，蔡元培提出的这套新的教学模式终未能付诸实施。

在执教和交游之余，蔡元培还专心研究外国教育制度。他曾将日本从幼儿园到大学的各级、各类学校的课程详细抄列，并根据自己的教育实践和调查结果，进行比较研究，撰成《学堂教科论》，于1901年10月由上海普通学书室石印出版。在这本28页的小册子中，蔡元培对旧教育制度中存在的“鄙”、“乱”、“浮”、“葸”、“忮”、“欺”六害进行了猛烈抨击，对各级新式学堂的课程设置、学制年限和结构体系作了全面的设计，反映了蔡元培早期教育思想。

身在学堂，谋区域教育发展

蔡元培于1901年2月离开绍兴中西学堂。在任总理的两年里，他抱着“教育救国”的理想，同时还关心整个绍兴地区，乃至浙江和全国的教育改革。鉴于当时学堂教术不一，课本不定，蔡元培模仿外国学堂评议之例，于1899年11月发起组织绍兴府学堂学友会，集合有志之士，推动绍兴地区的教育改革。同年12月，蔡元培又撰写《绍兴推广学堂议》一文，宣传教育救国的主张。他呼吁绍兴所属八县改变各自为政的做法，筹集绍兴八县公款，统一兴办学校，在府城设高级、中级学堂各一所，各县城均设一初级

早年致力教育事业的蔡元培。

学堂，为本省和全国的教育改革树一模范。1901年8月，蔡元培在详细考察和了解本省教育的情况下，拟就《浙江筹办学堂节略》，就如何推动浙江全省的教育改革提出了建立互相连接的地方学制体系的构想。蔡元培建议，在省城设立一所师范学堂，以为各府州县学堂培养教习之材；省城设高等学堂一所，授以高等普通学，以备卒业后咨送南、北洋大学堂及京师大学堂习各种专门学；省城设中学堂一所，小学堂、蒙学堂若干，各府城亦如之；县城各设小学堂、蒙学堂若干；各乡设蒙学堂若干。蔡元培的这一计划没有得到实施，但为他后来任教育总长时，领导全国的教育改革打下了一定的基础。

蔡元培投身近代教育事业之后，表现出了强烈的改革欲望。总的来看，1900年以前，他主要致力于实学的传播和经世致用人才的培养，并尝试对传统学堂、书院管理方式进行了一些改革。1900年以后，蔡元培教育改革的视野逐渐扩大。

出任南洋公学特班总教习，推行“中西结合”之教育教学改革

南洋公学原址。

继绍兴中西学堂之后，蔡元培执教的第二所新式学校是南洋公学，这也是他早期从事教育救国实践活动的一个重要时期。南洋公学由盛宣怀于1896年创建于上海，是后来交通大学的前身，原址位于现上海交通大学徐汇校区。公学分为上院和中院两部，上院拟设路、矿、电等专科，中院办中学，又附设小学。当时还没有中学毕业生可以进专科的，所以上院尚未开办。中院除国文及本国地理、历史外，均用英文教科书，有英、美教员数人。总理沈曾植到了后，提议设特班。

重西学，育英才

蔡元培在主持中西学堂时就对南洋公学这所新式学堂给予关注。1899年11月，他曾写信给在南洋公学任职的张元济，请其代购公学所编教科书。1900年11月间，蔡元培还专门到上海徐家汇游览了南洋公学。1901年5月，蔡元培应上海澄衷学堂总理刘葆良的邀请，前往襄助校务。在此期间，他开始与南洋公学督办盛宣怀有所往来。9月，南洋公学特班开课，蔡元培正式受聘担任特班总教习。担任特班总教习后，他在这里试行了中西结合的教育教学改革。

南洋公学特班章程规定："特设一班，以待成材之彦之有志西学者。凡学识淹通、年力健强者均可入学，有无出身勿论，曾习西文否勿论。西课余暇，当博览中西政事诸书，以为学优则仕之地。"所以，蔡元培在讲学过程中大力提倡西学，西学功课分前后两期，各学三年。前期功课有英文之写、诵、文法章句，算学之数学、代数、几何、三

南洋公学校门。

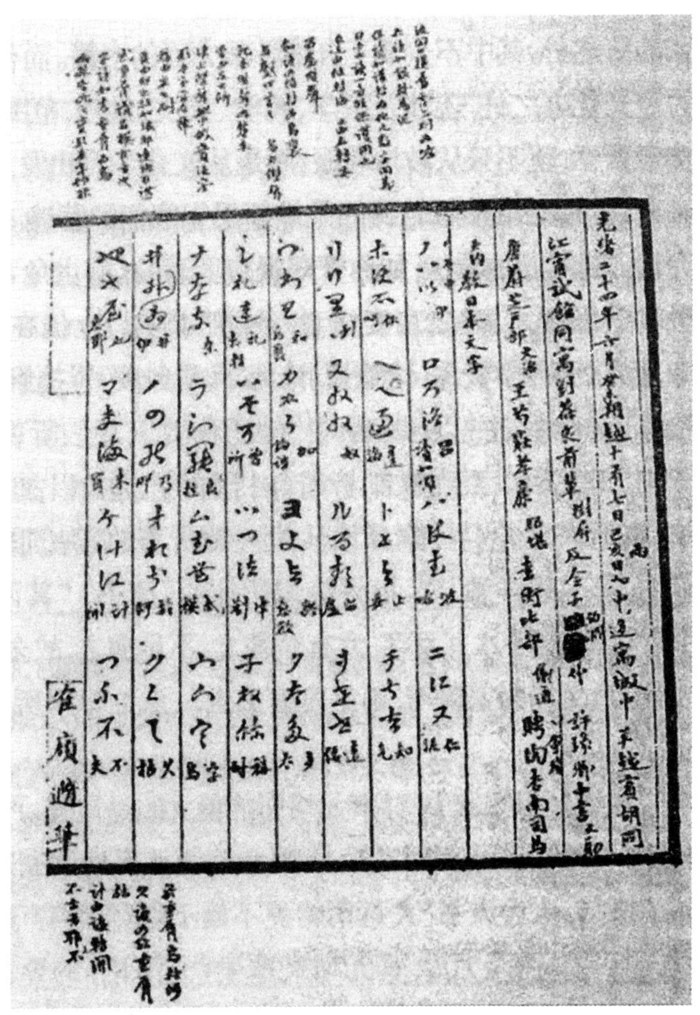

蔡元培初学日文手迹。

角，格致、化学试验；后期功课有格致、化学理论，地志、史学、政治学、理财学、名学。同时，也注意引导同学们进行中西比较。他为特班生所出的课题，多关政治、法律、道德、哲学、教育、时事等问题，完全脱离四书五经的范围。比如，他给学生讲过《论史事为人类进化之资藉》、《论秦汉重农抑商》、《论监禁与放流两刑用意之异同》、《论强国对弱国不守公法之关系》、《论教育之关系》、《评英特之争》、《希腊苏格拉底有知即德之说试申引之》、《论改定盐法及抵制洋盐进口之策》、《普之胜法毛奇将军归功于小学校教育试论其理》等数十课题。他的课内容新颖，知识渊博，视野宽阔。正如学生黄炎培所说："盖在启发青年求知欲，使广其吸收，由小己观念进之于国家，而拓之为世界。又以帮本在民，而民犹蒙昧，使青年善自培其开发群众之才，一人觉，而觉及人人，其所诏示，千言万法，一归之爱国。"

为使同学们更好更快地了解各种西学知识，实现教育救国的理想，蔡元培十分重视推行外语教学。他认为英文自然要学，但鉴于英文难学，而大多数西方著作都有日文译本，建议同学们不妨先学习与汉语较为接近的日文，以了解世界大势。他一边自己努力学习日文，一边给学生亲自教授日文，传授翻译方法。在他的指导下，那些学日文的同学果然获益匪浅，"不数日，人人能读日文，且有译书者"。出于对外语的重视，蔡元培本人还在教书、编书之余，跟马相伯学习拉丁文。他认为，欧洲各国语言多源于拉丁文，不通拉丁文，便无从了解西洋的古代文化。每天一清早，他从南洋公学步行两三公里路，赶到徐家汇土山湾马先生的住处请教。

在南洋公学任教期间，蔡元培如饥似渴地汲取西学养分，开始涉足报界和出版界，积极学习和传播新学。1901年10月，他与乡试同年好友张元济合议创办《开先报》，取英文"前队，冲锋之义"，后改名《外交报》。蔡元培手订《创办〈外交报〉叙例》，指出本报宗旨："荟我国自治之节度，外交之政策，与外国所以对我之现状，之隐情，胪举而博译之，将以定言论之界，而树思想之的，为理论家邮传，而为实际家前驱。"同时，他支持蒋智由创办国内第一张文摘报——《选报》，并为《选报》撰写叙论，宣传该报："荟域中域外之国文报而抉择之，其有关天下之故、通古今之变者，咸具本末，间附评议，托体于温故，而取径于开新。盖不居撰述之名，而有其义者，非与寻常缉比之报为重台也。"为纠正社会上为应付科举考试出版的文本存在的迂谬窒塞、束缚新思想的弊端，蔡元培选录梁启超、严复等"当世名士著译之文"，共42篇，编订《文变》一书，于1902年5月由商务印书馆出版，以帮助读者"知世界风云之所趋"，"无为三家村夫子之头巾气所范围"，积极宣传新学，以带动国人思想言论的进步。

参用"书院式"、启发式的教学方法

在教学方法上，蔡元培"稍参书院方式"，注重对学生进行启发与指导，常在课余之夜招学生谈话，或发问，或令自述读书心得，或自述对时事感想。1901年9月21日，蔡元培亲拟《南洋公学特班生学习办法》，规定：“每日以三小时课编纂，三小时课讲义，一小时为修辞之学。”“编纂为探迹之学，凡所看记叙之书皆属之。札记之例：一稽本末……一比事类……一附佐证。”“讲义为探理之学，凡所看论著之书皆属之。札记之例，一节精要，一著心得，一记疑义。”“札记每七日一缴。”“讲堂七小时外，随意看书，有心得疑义，可别录，与札记同缴。”蔡元培定期阅批学生的札记，评定成绩，然后送学校总理鉴定。为指导学生读书，蔡元培还亲自写下所修各学门类及每一门类应读之书，以及读书的次序，学生按他所开书目顺序阅读。

蔡元培在特班中实行的这种教育教学方法并不是要求一味地读死书，他还为特班生制定“游息规则”，以引导学生养成良好习惯，活跃同学们的学习生活气氛，发展学生的综合素质，因而深受欢迎。鉴于“今后学人，领导社会，开发群众，须长于言语”，蔡元培还在同学中设立演讲会，并亲自为学生们出演说题目，提倡同学们学习用国语

1899年建成的南洋公学中院校舍。

（普通话）演说，以锻炼自己的口才。当时在特班中就读的黄炎培后来回忆说："这种教育方法，切合学生们的要求，蔡师语言态度的亲切、谦和，使每一学生都心悦诚服。这些还影响到上院其他各班和中院。"

南洋公学特班虽然规模不大，办学的时间也不长，但蔡元培的学识和新式教学深深影响着每一位学员，培养了一批优秀人才。特班四十二人中，以邵力子（近代著名政治家、教育家）、洪允祥（后为诗人）、王世杰（后治法学）、胡仁源（后治工程，曾任北京大学工科学长、代理校长）、殷祖同、谢无量（后为著名文学家）、李广平（后为著名的弘一法师）、黄炎培（后为著名教育家）、项骧（后治财政）、贝寿同（后留学德国，治建筑）诸君为高才生。诚如特班生邵力子回忆所说，蔡先生"以名翰林受盛宣怀礼聘来做我们的国文总教习……他教我们阅读有益的新旧书籍，他教我们留意时事，他教我们和文汉读，他教我们以种种研究学术的方法。他不仅以言教，并且以身教。……他痛心于清政之腐败，国势之痼危，忧国的心情不时流露于词色；他具有温良恭谦的美德，从不以疾言厉色待人，也不作道学家的论调，而同学自然受其感化。我在今天回想那时一年中所得于先生的印象，觉得如在目前。"

创办爱国学社，成资产阶级革命学校典范

20世纪初，中国资产阶级革命民主派在从事反清革命运动的过程中，非常重视通过办革命学校来宣传资产阶级民主革命思想，培养革命人才，组织革命活动，积蓄革命力量。1902年蔡元培、黄宗仰等在上海创办的爱国学社、爱国女学，就是其中著名的资产阶级革命性质的学校，为辛亥革命的准备做出了杰出的贡献。

“墨水瓶风潮”与爱国学社创办

南洋公学作为新式学堂，因经费充足、校舍宽敞、设备齐全、师资较好、出路优越而声名远扬，招来了不少优秀的教员和学生。但学校里也有思想顽固守旧、不受欢迎的旧派教员和管理员，新旧学派斗争激烈。其中五班中文教习郭镇瀛就是一个学识浅陋、思想保守的顽固派。他专门欺压学生，钳制学生思想，平时只准学生读《大清会典》、《圣武记》，禁止阅读新书新报，更不得集会和议论时政。学生们对他的僵化思想和专制行为深为不满，深恶痛绝。1902年11月5日，学生故意将一个墨水瓶放在他的座椅上。郭镇瀛认定是学生有意侮辱他，勃然大怒，严词诘问，并串通学生总办进行诬陷迫害学生。11日，校方应郭之请，开除了无辜的学生伍正钧，引起了全班同学的抗议。同学们据理力争无效后决定退学，并举行告别演说会。五班的行动引起全校其他同学的同

南洋公学五班部分同学合影。

情。次日，全校学生集会，派代表向总办汪凤瀛请求收回成命，汪不允，学生们决定全校退学。这时校方才慌了手脚，急忙请学生们尊敬的教习蔡元培等出来调解。16日一早，全校学生200余人，检点行装，列队操场，等候交涉的最后消息。可是，蔡元培去见督办盛宣怀转达学生要求时，盛尚高卧未起。10点，学生们见没有回音，便高呼："祖国万岁！祖国万岁！祖国万岁！"整队离校。这便是当时轰动全国的"墨水瓶风潮"，也是中国近代教育史上很有影响的一次学生运动。蔡元培在这次学生运动中表现出来的长者风范和勇于担当的精神，使他成为当时国内进步青年学生的导师。

学生退学后，因校方引诱，家长威逼，一些学生返回学校，但仍有145人退学。蔡元培注意观察学生的思想动态，他说："不要散，我们组织一个学校。"蔡元培同情学生，在向公学当局力争无果的情况下，也愤而辞职，并求助于进步的中国教育会。11月19日，教育会与退学学生在张园商议，决定组建爱国学社，收录这些退学学生。

当时，从南洋公学退学的学生大都身无分文，有的连伙食费都无着落。教育会的经费也短缺。为解燃眉之急，蔡元培赶赴南京为办学募集资金。当他走到码头时，绍兴老家传来了不幸的消息，说其长子阿根病急气绝。蔡元培挥泪嘱咐教育会同人代办儿子的

1902年11月爱国学社开学仪式合影，前排立者左六为蔡元培。

后事，然后毅然走上了筹款的路。三日后借得六千元而归，使爱国学社得以正式开办。那段时间，武装反清和发展教育耗费了蔡元培几乎全部的精力和体力。与此同时，蔡元培等人还创办了爱国女学，招收女生，培养革命女青年。

在蔡元培等资产阶级民主革命者的努力和正确引导下，1902年11月26日，爱国学社在上海南京路泥城桥福源里得以正式成立，帮助退学学生继续接受教育。蔡元培被推为学校总理，吴稚晖为舍监，章炳麟、黄炎培、蒋维乔、吴丹初等为义务教员。

爱国学社以灌输民主主义思想为己任，表现出反对清王朝和帝国主义的革命倾向，成为当时一所很有影响的资产阶级革命学校。蔡元培认为，清朝政治不良，国势日蹙，“有如人之罹重病，恐其淹久而至于不可救药，必觅良方以治之”。他的良方，即革命，“革命者，印治病之方药也”。如何革命？他认为革命在当时最好的体现形式是教育救国，培养革命之人才，挽救国家和民族的命运。可见，蔡元培的教育救国包含了丰富的民主主义革命思想。

自戊戌维新运动至1902年底离开南洋公学，蔡元培选择的是教育救国的道路。他既没有参与康、梁领导的变法运动，也还没有与已经立志反清革命的孙中山等革命党人发生直接联系。自他创办爱国学社之后，他就真正投身于资产阶级民主革命的政治生涯之中了。

革命学校里的“革命教育”

为培养革命人才，《爱国学社章程》第一条明确提出其办学宗旨：“本社略师日本吉田氏松下讲社、西乡氏鹿儿私学之意，重精神教育。而所授各科学，皆为锻炼精神、激发士气之助”，以造就培养具有“独立自尊之气节，舍己为群之公德”的共和国民。蔡元培在爱国学社的开学式上也强调，爱国学社以培养一种新的精神为宗旨，并提出了三点希望：一是“纯粹其质点，则沉浸学理，以成国民之资格”；二是“完全其构造，则实践自治，以练督制社会之手段”；三是“发达其能力……用吾理想普及全国，如神经

1902年，爱国女校首届开学典礼合影，后排左五为蔡元培。

系之遍布脑筋于全体”。爱国学社的这种人才培养目标和洋务教育的培养目标有了本质的区别，与维新派所办学堂的目标也不相同。它不仅具有强烈的反封建性，而且包含着浓烈的爱国激情。

正是爱国学社这种鲜明的资产阶级民主革命性教育目标，激发了师生的革命热情。当时很多学校的学生因反抗学校当局的压迫而退学的风潮相继兴起。凡是闹学潮的地方，爱国学社的人都打电话、写信去鼓舞他们，并尽量吸收他们来参加学社。1903年4月，南京陆师学堂学生受南洋公学学生的影响，发生退学风潮，爱国学社特发电声援，以章士钊为首的40多名学生宣布退学，受到爱国学社的欢迎，转入爱国学社就学。爱国学社设立不久，就在社会上产生很大影响，一时成为长江下游地区进步青年学子群英荟萃之地。

为更好地培养革命人才，实现办学目标，革命学校的管理者还在课程设置上有意识地增加与革命直接相关的内容。爱国学社学生分寻常、高等两级，两年毕业。寻常学级设有修身、算学、理科、国文、地理、历史、英文、体操等科目；高等学级设有伦理、

爱国学社和爱国女学的部分女学员。

算学、物理、化学、国文、心理、论理（逻辑学）、社会、国家、经济、政治、法理、日文、英文、体操等科目。教员在教学中注重灌输民主主义思想，通过传授资产阶级民主革命理论，增强学生的革命意识。

爱国学社反对当时官立学校极端压制学生，建立了精干、高效的资产阶级革命学校的内部组织。爱国学社的内部组织建制除教师外，总共才四人，即总理一人，干事一人，舍监一人，会计一人。总理掌握全盘，其他具体事情则分由干事、舍监、会计管理。如《爱国学社之章程》规定：讲堂之规则由干事管理之，社友寄宿之规则用自治制，由舍监提调之。由于当时情况特殊，这种组织建制完全是为谋学校发展而设。至于对学生或教师，可以说没有任何强制的权力。社中自总理学监以下教职员，对于学社纯尽义务。学校的管理者与教师反以学生批评为惧，有时还不得不听命于学生。尽管这种学校内部组织未免稚嫩，但这在中国学校管理的发展历史上是一种崭新的以学生为主体进行学校管理的组织模式，是对传统专制型的学校管理的极大冲击，对资产阶级革命成功之后在教育改革时，要求大学设评议制也有影响。

爱国学社的教师、学生从反对封建专制出发，施行学生自治制度，由学生自己管理自己，并鼓励他们参与学校管理，学生在校内享有很大的自由权。爱国学社的学生建有以“联”为单位的内部组织，“每联若二三十人，听学生自行加入某联，公举一联长，凡有兴革，多由学联开会议决，交主持者执行”。住宿生实行自治制，高年级学生还充当寻常班的教师。

爱国学社在教育上的创举和活跃的政治空气，吸引了许多青年前来就学，舆论普遍支持学生。学生们经常同教师一起外出参加政治活动，“公言革命无所忌”。比如，国文教员章炳麟在作文课上命学生们各作本人的《本纪》一篇，让学生们自书《本纪》，以示对封建君主专制的蔑视。有的学生在《本纪》中述及自己由保皇到革命的思想转变过程，章炳麟便用自己摆脱束缚的体验来鼓励他们。吴稚晖在教国文时则用严复译《天演论》作为课本。蔡元培主张男女平权，提倡女权，重视妇女教育，培植妇女爱国力量，提倡妇女的德育、智育和体育，强调妇女独立的重要性。

抢占舆论阵地，宣传资产阶级革命思想

爱国学社把灌输资产阶级民主主义革命思想作为己任，大胆创新教学组织活动形式，教员多采用演说式，鼓励学生自由讨论，传授资产阶级革命学说的同时培养学生宣传资产阶级革命思想的能力。那时，蔡元培结交了一些进步人士，与爱国学社社员一起，每周到上海张园安垲第举行演说会，在社会上公开进行资产阶级民主主义革命思想宣传。

演说会上，蔡元培以比较健康的资产阶级民主观点，抵制狭隘的排满思想。他不赞同邹容在《革命军》中的“杀尽胡人”之说，也不同意章太炎他们那种“无满不仇，无汉不亲”的态度。蔡元培认为，“所可谓满人标志者，唯其世袭爵位，及不营实业而坐食之特权耳。苟满人自觉，能放弃其特权，则汉人决无杀尽满人之必要”。认为汉族之中有祸国殃民的奸贼，满清之中也有主张维新图治的改革家，所以单纯的“仇满”思想

爱国学社演说活动的地点——上海张园园址一角。

警鐘日報

日商濟生堂大藥房

體操學

南海先生官制議

國民日日報彙編二卷出版

揚子江警報徵文廣告

江蘇白話報出現

南京閱報諸君鑒

本社廣告

折價券凡例

本社自五月初日起另出附張小說一紙〇不加分文

《警钟日报》。

是不妥的。蔡元培这样的见解，无疑是正确的。

蔡元培重视报刊舆论宣传的作用。他亲自领导学生办《童子世界》（又名《学生世界》）杂志，鼓吹革命。为扩大影响，他又与《苏报》主办人陈范联系，约定中国教育会、爱国学社成员每天写一篇评论交该报，在《苏报》增辟“学界风潮”一栏，专门报道日益高涨的学生运动，鼓励学生反抗压迫，“所载文章，素为东南学界所注目”。从1903年5月开始，《苏报》陆续刊登了《中国当道者皆革命党》、《康有为与觉罗君之关系》、《谈〈革命军〉》、《〈革命军〉自序》等十多篇宣传革命的文章，如重磅炸弹，举国上下无不为之震惊。邹容的《革命军》尤为出色，孙中山曾评价该书“为排满最激烈之言论。华侨极为欢迎，其开导华侨风气，为力甚大”。当时爱国学社缺少经费，陈范与中国教育会、爱国学社商定，《苏报》的社论由蔡元培、章太炎（章炳麟）、章士钊、汪文博等人轮流撰写，报馆每月支付学社百元。蔡元培本人为《苏报》撰写了大量反清排满、提倡民权的文章，宣扬爱国民主思想，发起拒法、拒俄运动。爱国学社校内师生交谈革命，公开宣传爱国和革命的道理，推动了革命思想的普及，促进了上海地区爱国民主运动的高涨。

1903年12月蔡元培与王小徐等人创办《俄事警闻》报，报道俄军占领我东北，抨击清廷的外交政策，继续发挥报刊的战斗作用，进行革命宣传。1904年改名为《警钟日报》，揭露沙俄侵略罪行，进行反帝爱国宣传，为加强宣传效果，该报所刊文章参用白话，并附插图。

爱国学社在宣传革命思想上“公言革命无所忌”，不论社员教员都倡言革命，社员们个个对时事兴趣高涨，甚至“倡言革命胜过求学”。原南洋公学中院五班退学学生俞子夷，后来回忆了当时爱国学社倡言革命的生动情景：“办公室里几次出现新印的小册，大家抢购阅读。章师的《驳康有为书》，句句是至理名言；他的《逐满歌》更激动人心。《革命军》出版，鼓动力益大。在南洋时，《桃花扇》、《扬州十日记》等，只限小部分人喜爱，此时章、邹三文殆成为全体学员阅读、谈论，以至信仰的中心。‘莫打鼓，莫打锣，听我唱支逐满歌……’与‘刀加我颈，枪指我胸，我敢曰贼满人’等歌颂之声遍闻自修室及宿舍中。从《三十三年落花梦》中口译出来的逸仙先生的起义事迹，亦成为课余谈论中心。过去对《新民丛报》只觉不够味，此时则嫌其主张不大对头。章、邹三文可以视为当时教育会与学社对内对外的正式宣言。大家均以排满革命为爱国救国的基本纲领。”

身体力行，参加资产阶级民主革命斗争

蔡元培在爱国学社实行不分教职员的军事训练制度，把军训作为造就一大批革命队伍的有效手段。这也是资产阶级革命学校具有的鲜明特色之一。在课程表的安排上，军事体育课占有很大的比重。通过军事体育课对学生进行严格的军事化训练，增强学生的纪律意识。当时的军事体育课，主要是兵式体操和器械体操，前者多是进行军事步伐和枪械练习，以训练学生日后参与武装起义的能力；后者多为溜木、平台、铁杠、木马、秋千及跳远等项目的练习，以锻炼学生强健的体魄，培养作战本领。

为了使学校直接为反封建革命目标服务，蔡元培把培养从事武装起义的军事人才作为教育的目标。蔡元培还把培养刺客作为设校目标，如蔡元培等创办的爱国女学，便是把学校当作训练刺客的场所。蔡元培曾说，参加资产阶级革命工作后，“觉得革命只有两途：一是暴动，一是暗杀。在爱国学社中竭力助成军事训练，算是下暴动的种子。又以暗杀于女子最为相宜，于爱国女学，预备下暗杀的种子。”

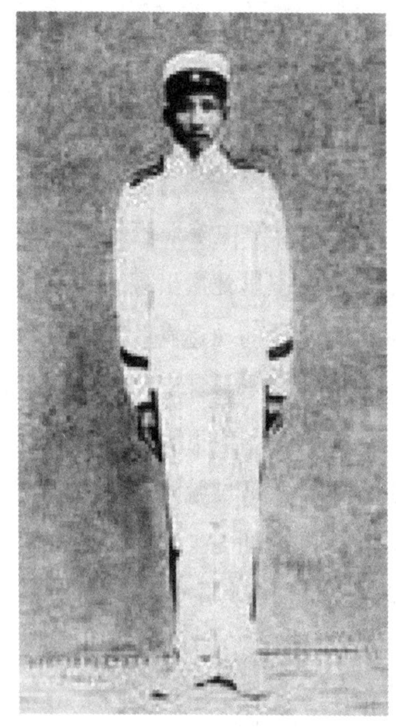

蔡元培在爱国学社与学生同受军训后的留影。

蔡元培还亲自试制炸药，以为武装反抗清政府作准备。资产阶级革命学校的这种教育目标，又成为革命学校内部组织建制、课程设置的指针。资产阶级革命学校在这种具有革命性的教育目标导引下，从事革命活动所产生的影响，震动了清朝专制统治者。

20世纪初，上海由于政治经济高度集中，革命思想异常活跃，便成了全国革命力量聚集的主要阵地，而爱国学社是这个主要阵地的主要革命团体之一。从1901年开始，孙中山奔波于日本、香港、越南、美国等地，以日本东京为汇集中国国外革命力量的中心。在这个中心，兴中会会员需要在国内寻找一个能和他们遥相呼应的战斗阵地和一个共患难的革命团体。当时上海最理想的革命团体就是爱国学社。1903年4月，留日学生在东京五百余人集会声讨沙俄侵占东北罪行，并组成拒俄义勇队。他们向爱国学社发电求援。恰好南京陆师学堂学潮后，四十余名学生编入爱国学社学籍，成立军国民教育会。爱国学社闻声而起，一百余人立即成立上海拒俄义勇队，请陆师学生负责军训。蔡元培自己也“断发短装与诸社员同练步伐”。蔡元培这种身体力行、以身作则的风格，对爱国学社的学生影响很大。1904年冬，东京军国民教育会

1904年秋，蔡元培与何海樵等人成立了一个以试制炸药、图谋暗杀的组织，并参与试制。图为试制炸药的情况。

又派遣龚宝栓等回国至爱国学社与蔡元培、章太炎等在上海发起成立光复会。这些都清楚地表明了上海爱国学社与东京国外革命中心关系密切，休戚与共，显示出爱国学社在国内革命地位的重要性。

爱国学社作为当时的革命活动联络机关，通过办教育为后来推翻清政府的辛亥革命输送了一批革命新生力量。蔡元培作为团结在孙中山周围的资产阶级革命派的领导人之一，通过爱国学社和爱国女校，在思想上、组织上为发动武装起义的工作做了种种准备。1904年，蔡元培与陶成章组织反清组织光复会，并亲任会长。在引领光复会举行了多次光复运动后，蔡元培结识了孙中山，并于1905年加入同盟会，任上海分会会长。

爱国学社能够成为上海这个国内革命主要阵地的主要革命团体，是和蔡元培杰出的组织才能分不开的。他实际上是辛亥革命准备时期在上海最初的主要负责人。爱国学社虽然规模不大，但蔡元培通过爱国学社以及爱国女校所培养的革命力量，影响深远，直接促进了以后辛亥革命的发展。

《苏报》案至爱国学社被迫解散

1896年6月26日，清代画家胡璋以其日籍妻子生驹悦的名义在上海日本领事馆注册创办了《苏报》，报刊内容多载市井琐事。1899年转由有倾覆清廷之志的湖南衡山人陈范购得，报馆迁到汉口路20号。1902年南洋公学发生退学风潮，《苏报》最先报道，随后又设“学界风潮”专栏，报道学潮消息，引起了社会各界的关注。1903年5月27日，《苏报》聘请章士钊为主笔，开始“大改良”。

《苏报》1896年6月26日创刊于上海。

“改革”后的《苏

章士钊（右一）和夫人及三个儿子。

报》，其主要宗旨是反对改良，宣传革命。章太炎、蔡元培等为撰稿人，支持中国教育会和爱国学社的活动，旗帜鲜明地报道各地学生的爱国运动。同时，增设“舆论商榷”、“特别要闻”栏目，刊登宣传革命的文章，言论日趋激烈。比如，对《新闻报》所载《革命驳议》予以辩驳。最引人注目的是1903年轰动全国传诵一时的邹容的《革命军》和章太炎的《驳康有为论革命书》。《苏报》不仅为此登“新书介绍”，而且连续刊登《序〈革命军〉》、《读〈革命军〉》、《介绍〈革命军〉》等文章，札录《驳康有为论革命书》，大骂皇帝和清政府，高呼革命为神圣“宝物”，要求建立资产阶级“中华共和国”，推荐《革命军》为国民必读的第一教科书。民主革命思想的传播，引起了清政府的恐惧，他们对邹容的《革命军》和章炳麟的《驳康有为论革命书》尤为忌恨。1903年6月29日，上海公共租界工部局应清政府要求查封《苏报》，并以鼓吹革命的罪名拘捕钱允生、陈吉甫、陈叔畴、章炳麟、邹容、龙积之等6人，发生了震动一时的“《苏报》案”。

“《苏报》案”发生后，清政府要求工部局将章、邹等人引渡，解送南京审讯，借兴大狱以镇压革命。不久又爆发了“沈荩案”，记者沈荩因披露了“中俄密约”的内幕，被清廷下令杖毙，举世震惊。上海及全国各地人民纷起抗议，谴责中外反动派迫害章、邹。在这种情况下，租界当局出于多方面的考虑，没有接受清政府“引渡”的要求，使得清廷不得不放弃将章、邹二人处以极刑的打算。1904年5月21日在租界会审公廨开庭审理。经过激烈的辩论，最后判章炳麟监禁三年、邹容监禁两年，自到案日起算，期满逐出租界，《苏报》被判永远停刊。后来，邹容因不堪虐待，1905年4月3日死于狱中，为革命献出了自己年轻的生命。章炳麟曾在狱中绝食七天不死。三年后出狱，出狱当天即东渡日本，追随孙中山从事革命活动。

“《苏报》案”是辛亥革命前强势的清政府为镇压资产阶级民主革命思潮而制造的一起镇压革命的政治事件。然而政治迫害不但未能禁止革命思想的转播，反而激起人民群众更大的愤怒。通过“《苏报》案”，《革命军》的销行更广，革命分子将《革命军》和《驳康有为论革命书》收集在一起，提名《章邹合刊》，各地交相翻印，革命风潮日盛。《苏报》案后蔡元培不得不至青岛避难，旋回沪。

1907年，蔡元培鉴于革命形势低落，遂赴德国留学。

邹容的《革命军》。

首任中华民国教育总长，奠基近代中国新教育体系

辛亥革命爆发后，蔡元培从德国启程返国，于1911年11月28日抵达上海，参与中华民国政府的筹建工作。1912年1月，南京临时政府成立，孙中山任命蔡元培为中华民国

1912年1月南京临时政府参议院举行开幕典礼，孙中山就任临时大总统（前排左三为蔡元培，左五为孙中山）。

教育总长。同年7月，蔡元培因不满袁世凯的独裁而辞职。蔡元培任教育总长前后历时半年，虽然时间不长，但在中国近代教育发生转折的重要关头，他在教育总长这个重要位置上，领导和组织了全国范围内卓有成效的教育改革，构建了近代中国新教育体制的基本框架，摆脱了封建旧教育的影响，对中国现代教育的发展做出了重要贡献。

颁布教育法令，建立新的教育秩序

蔡元培出任南京临时政府教育总长时，刚从德国回国，由于多年留学在外，对国内情况“殊多隔膜”。同时，国内战事仍未平息，南北尚未统一，学校教育管理秩序比较混乱，迫切需要建立新的教育秩序。蔡元培正是从当时的这种实际情况出发，虚心倾听教育界人士的意见，把规范教育秩序作为南京临时政府教育部的一项重要工作，组织制定新的教育法令。比如，他亲自登门向蒋维乔请教：“尽者天下纷纷，尚未统一，论及教育，应如何着手？”于是蒋维乔建议他颁布普通教育办法，使各学校有所遵循。蔡元

1912年孙中山（中坐者）召开最高国务会议，左三为蔡元培。

1912年3月30日在南京临时政府总部留影，三排左二为蔡元培。

培深以为是，并委托他“主持之”。同时，他采纳上海《教育杂志》主编陆费逵发表的《敬告民国教育总长》一文的四项建议：一是迅速宣布教育方针；二是颁布普通学校暂行简章；三是组织高等教育会议；四是行政权限。

蔡元培在他们的具体帮助下，于1月19日启用中华民国教育部印信的当天，即以教育部的名义，颁布了两个重要法令。一是颁布《普通学校暂行办法》，对清末教育进行改革，对教育界所面临的“如何办学”这个紧迫的问题，做出了许多重要的规定。在新旧交替之际，这对安定人心，稳定局势，建立新的教育秩

1912年任教育总长时的蔡元培。

序，起了重要作用。正如蒋维乔所说的：“此区区十四条通令，革除清学制之弊，开新学制之纪元，于全国教育停顿、办法分歧之时，来此通令，得以维持，其影响实非浅鲜。”舒新城亦谓：“当年之教育设施，全赖此十四条维持之。其影响不可泛视也。”5月间，北京政府教育部又在此基础上，改定普通教育办法九条，通令各省一律遵办。

教育部颁布的第二个重要法令是《普通教育暂行课程标准》，共11条，规定了初小、高小、中学和师范学校的课程设置，以及各科目每周教学时数等。1月29日，教育部通电各省督府筹办社会教育。3月2日，教育部通告各省高等以上学校一律禁止读《大清会典》、《大清律例》、《皇朝掌故》、《国朝事实》等有碍民国精神的书籍。5日，通告各省所属高等专科学校迅速开学。这些法令、通电、通告的颁发施行，有力地推动了民国初年对旧教育的改革，促进了我国近代教育事业的恢复和发展。

厘定教育方针，倡导五育并举

随着南京临时政府的建立，为废除清末“忠君”、“尊孔”的封建教育宗旨，蔡元培在出任教育总长后不久，提出了“五育并举”的教育方针，即以军国民教育、实利主义教育、公民道德教育、世界观教育、美感教育不可偏废的发展，以养成共和国民健全之人格。为使这一教育方针真正被人接受，蔡元培作了深入细致的论证和宣传工作。他先后于2月8日、9日、10日，在《民立报》连续发表《对于新教育之意见》（后改题为《对教育方针之意见》）一文，以社会现实需要和历史发展趋势为根据，围绕“养成共和国民健全之人格”的主旨，阐述了实施这一教育方针的必要性和迫切性，并从哲学高度对这一方针的具体内涵及相互联系作了具体阐述。

军国民教育即军事体育，是清末由国外传入的一种教育思想。蔡元培认为，“军国民教育者，与社会主义僢驰，在他国已有道消之兆”，不是理想社会的教育。但他认为，当时的中国“强邻交逼，亟图自卫，而历年丧失之国权，非凭借武力，势难恢复”，为了反对帝国主义侵略，必须用武力自卫，就要实行军国民教育。从国内形势来看，要打破军人成为“全国中特别之阶级”的局面，就要实行“举国皆兵之制”，否则“无以平均其势力”。可见，蔡元培主张军国民教育，是为了对外实行自卫，对内反对军人强权统治，这在当时无疑是进步的。后来，他把军事体育发展成为普通体育。他认为，如果一个人的身体不健康，精神上也必感痛苦。体育是培养“共和国民健全之人格”的重要环节。

实利主义教育即智育。蔡元培认为，实利主义教育是富国强民、发展国家经济的一项重要手段，通过实利主义教育能够给人以各种普通的文化科学知识，发展实业的知识和技能，以及一定的职业训练。蔡元培强调“以人民生计为普通教育之中坚”，因此推行实利主义之教育是当务之急。蔡元培认为，当今世界各列强之所以能相互竞争，“不仅在武力，而尤在财力。且武力之半，亦由财力而孳乳”。我国地宝不发，实业界组织尚幼稚，人民中失业者很多，国家十分贫穷。因此，要通过大力实施实利主义教育来提高人民的富裕程度，增强国家的财力，使中国在世界竞争中立于不败之地。

公民道德教育即德育。蔡元培认为军国民教育和实利主义教育虽是“强兵富国”之道，固然重要，但是，仅有两者还不够，还必须“教之以公民道德”，公民道德教育才是教育“最终之鹄的”。蔡元培主张以“自由、平等、博爱”作为道德教育的内容。他认为：“何谓公民道德？曰法兰西之革命也，所标揭者，曰自由、平等、亲爱。道德之要旨，尽于是矣。”此三者是一切道德之根源，也是公民道德教育所要承担的任务。同时，蔡元培把自由、平等、亲爱同中国古代的“义”、“恕”、“仁”联系起来，并对它们之间的贯通处进行了论证，赋予“自由”、“平等”、“亲爱”的中国含义。“自由、平等、博爱”虽然是西方资产阶级道德观念，但蔡元培通过这种中西道德的联系，在当时社会里，一方面继承了传统美德，另一方面有助于冲破以“三纲五常”为主要内容的封建传统道德教育禁锢，进而使时人从封建伦理道德的束缚中解放出来，从而改变人与人之间的关

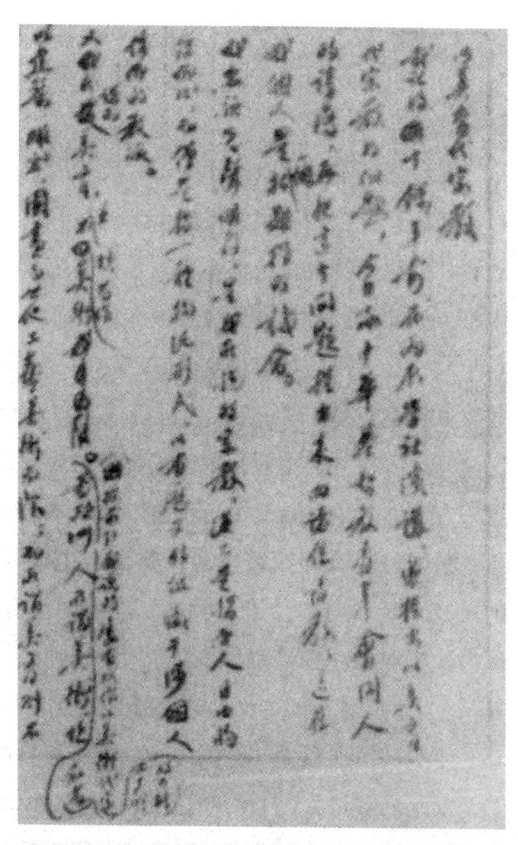

《以美育代宗教》手稿第1页。

系，这在当时无疑是一种重大进步。

世界观教育属于实体世界，为蔡元培中国近代教育史上所首创。他认为世界观教育是“超轶乎政治的”，主要任务是培养人超轶乎现世之观念，而达于实体世界之最高精神境界。他认为世界分为现象世界和实体世界两部分。二者的关系是：前者是相对的，后者是绝对的；前者受因果律的支配，后者超轶于因果律；前者与空间、时间不可分离，后者无空间、时间；前者可以经验，后者全凭直观。“其现象世界间所以为实体世界之障碍者，不外二种意识：人我之差别，幸福之营求是也。”通过世界观教育，就可以使人破“人我之差别”，泯“幸福之营求”，人也就达于最高的精神境界，人生也就变得更有价值。蔡元培在中国近代教育史上首倡世界观教育，要求人们遵循思想自由、言论自由的原则，“不以一流派之哲学一宗门之教义梏其心”，对当时打破几千年思想专制统治具有积极作用。这表明了他对当时封建专制教育的否定，具有反封建的进步意义。

1912年2月与宋教仁等任北上迎袁专使时合影，前排左五为蔡元培。

当然，他的世界观教育是建立在把教育分为现象世界与实体世界这个唯心主义观点基础之上的。

美感教育又称美育，亦是蔡元培“愿出全力以提倡”的。蔡元培非常重视美育，并首次在我国把美育列为教育方针的一部分。他认为，美感教育是进行世界观教育的重要途径，是人们从现象世界通向实体世界所必经的桥梁，并指出：“美育者，应用美学之理论于教育，以陶养感情为目的者也。”“世界观教育，非可以旦旦而聒之也。其与现象世界之关系，又非可以枯槁单简之言说袭而取之也。然则何道之由？曰美感之教育。美感者，合美丽与尊严而言之，介乎现象世界与实体世界之间，而为津梁。”正因为美育具有陶养人的感情，陶冶人的性情，能够逐渐消解人我之见、利害之念，使人的道德品质得以提升，使人之人格得以高尚纯洁，所以蔡元培谆谆告诫：“故教育家欲由现象世界而引以达到于实体世界之观念，不可不用美感之教育。”蔡元培的美感教育思想显然是受到西方美学思想的影响，他反复宣传美感的普遍性和超越性，虽有夸大美感教育之嫌，但他重视美感教育对于陶冶人的品性、培养人的情感所起的积极作用，是正确的和值得肯定的。

蔡元培所提倡的“五育”尽管各自的作用不同，然而均是“养成共和国民健全之人格”所必需的，是一个有机的统一整体。他以人体各种生理器官的功能作比方，形象地说明了这“五育”的关系：“军国民主义者，筋骨也，用以自卫；实利主义者，胃肠也，用以营养；公民道德者，呼吸机循环机也，周贯全体；美育者，神经系也，所以传导；世界观者，心理作用也，附丽于神经系，而无迹象之可求。此即五者，不可偏废之理也。”同时他又指出，五育并不是平分秋色，没有重点，而“五者以公民道德为中坚，盖世界观及美育皆所以完成道德，而军国民教育及实利主义，则必以道德为根本”。可见，蔡元培五育并举的思想，是指以公民道德为中心的德智体美诸育和谐发展的教育思想。其中，世界观教育和美育是为了完成道德教育，军国民教育和实利主义教育又必须以道德教育为核心。这种教育思想的明确提出，在中国近代教育史上是首次。

在蔡元培的努力下，1912年9月2日，北京政府教育部根据全国临时教育会议的决议，确定了“注重道德教育，以实利教育、军国民教育辅之，更以美感教育完成其道德”的教育宗旨，并颁布施行。蔡元培提出的上述教育方针，否定了清末“尊君、尊孔”的教育宗旨，它要求教育以促进人的和谐、全面发展为目标，不仅体现了资产阶级的要求，而且反映了教育的客观规律，这在中国教育史上具有划时代的意义。

改革教育行政组织机构，创建教育部

蔡元培担任民国教育总长期间，所做的另一项重要工作是改革教育行政机构，创建教育部。蔡元培为组建一个富有特色、精简而有办事效率的教育部付出了辛劳。在教育部人员的配置上，蔡元培主张精兵简政，一改衙门习气。他说："我之主张，办理部务，当与办理社会事业一例，在正式政府未成立，官制未通过参议院以前，不必呈荐人员。除总次长已由大总统任命外，其余各人，概称部员，不授官职。为事择人，亦不必多设冗员。"因此，教育部初设时，只有蔡元培和蒋维乔及会计兼庶务三人，后来连缮写员在内也只有三十多人。部员之间一律平等，即使总长、次长也不能有特殊待遇。在南京时自总长以下至录事，不分等级，每月一律给30元，全部开支，每月仅及千元。北迁之后，总长尽义务，次长以下一律予以60元俸金。不仅对教育部的要求如此，蔡元培同时要求全国办学要"力行节俭"，一改清末办学奢纵之习。他说："前清办学之种种靡费，其细情不外奢、纵二字。现在入手办法，拟先将中学以上官、公私立学校，严加归并，裁汰冗员，严定章程，以便早日开学。国家无论如何支绌，教育费万难减少。无已，唯有力行节俭，以为全国倡……其所撙节之款，以之多办初、高两等小学，渐立普用教育基础，一洗前清积习。"

在教育部的内部组织结构设置上，蔡元培从我国年长失学的人数多、社会教育匮乏的实际情况出发，创设了学校教育司、社会教育司和历象司。其中学校教育司下设普通教育、专门教育、实业教育三科，社会教育司下设宗教、美术、编辑三科，历象司下设天文、测候两科。蔡元培留学欧洲多年，深感欧洲各社会教育发达，而我国年长失学者占全国大多数，必须大力发展社会教育，社会教育第一次在教育行政上获得独立地位。1912年1月底，教育部即通令各省推行社会教育，提出社会教育为得当今急务，要求从宣讲入手，各就本省情形，暂定临时宣讲办法，指示所属州县实行。社会教育司的创立有利于当时教育的发展和民主共和思想的传播。蔡元培等人的努力在社会上产生了影响并受到舆论的好评。1912年3月2日的《民立报》就指出："此举似微，然于个人精神，社会之风气，关系甚大，果能鼓吹实行，可一扫从前政界之恶习。"教育部的机构除设置普通教育、专门教育两司外，增设社会教育司的举措，是蔡元培普及教育思想的反映，在中国教育行政制度上具有开创的意义。

为组建一个强有力的教育部，蔡元培求贤若渴。在南京临时政府教育部，他邀请蒋维乔、钟观光、许寿裳、周树人（鲁迅）、王云五等人部襄助。在筹组北京政府教育部时，他通过各种途径物色人才。蔡元培坚持两条原则：一是“为事择人，不设冗员”。南京临时政府教育部筹组时只有总长、次长、蒋维乔和一个会计兼庶务，由于教育次长景耀月尚未到任，实际只有三人。教育部成立之后，投效者纷至沓来。当时临时政府各部，皆依照官制草案呈荐人员。部员各负其责，各司其事，“绝无官署意味”。

在官员的选聘上，不拘一格，唯才是用，不管资历学历，不分党派，表现了他宽大的胸怀。比如，王云五当时年仅23岁，没有受过高等教育，在上海从事教育工作，与蔡元培素不相识。见报载蔡元培出任民国教育总长，他便将自己对民国高等教育的想法，写成书面意见寄给蔡元培，主要提出如下建议：废各省高等学堂，提高中学程度，大学设预科；大学允许私立，国立大学不应只限于北京，全国分区各设一所；各省设立专门学校，注重实用。蔡元培认为他所提建议极为中肯，即复函坚邀他到教育部“相助为理”。当时，王云五已任临时大总统府秘书，经请示孙中山，同意上午仍在总统府工作，下午到教育部办事。后来北京政府教育部成立，蔡元培仍请他北上，任职专门教育司第一科科长，掌管“大学及游学生”事宜。两人从此结下了近三十年的友谊。1940年蔡元培在香港逝世，王云五是朋友中唯一随侍病榻的送终者。

蔡元培坚邀范源濂出任北京政府教育部次长，也是一个典型的事例。范源濂（1875—1927）早年留学日本，原为学部参事，籍隶共和党。蔡元培本着用人唯才、不拘党派的原则，不顾国民党内的反对，两次亲自访问范源濂，对他说：“我请一位异党的次长，在国民党里边并不是没有反对的意见；但是我为了公忠体国，使教育部有全国代表性，是不管这种反对意见的。”又说：“我之敢于向您提出这个请求，是相信您会看中国家的利益超过了党派的利益和个人的得失以上的。”范源濂为蔡元培的真诚和以民国教育大局为重的精神所感动，终于不顾共和党内的反对意见，接受了蔡元培的邀请，出任教育部次长。以后的事实证明，他们的合作是成功的。

蔡元培不仅擅长选人用人，而且还善于合作共事。从当时蔡元培总长任内的有关函电看，他邀聘到教育部主事的有黄炎培、夏曾佑、张元济、王少泉、鲁迅等一批社会名流和在教育界已有相当影响的人物。因此教育部的学术民主气息浓，办事效率高。据蒋维乔回忆，大家每天从上午九时到下午四时半工作，分工作事，“苟有案牍，随到随办”，“凡小学中学专门大学各项学制，部员各就所学，担任起草，一如书局中之编辑所，绝无官署意味”。在蔡元培的主持下，教育部于成立后的几个月里，制定并颁布了一系列教育改革令，对当时和以后的教育发展都产生了深远的影响。

在创建教育部的同时，蔡元培也注意地方教育行政机构的建设。1912年2月，根据政府颁行的地方行政官制，裁撤各县劝学所，于县公署内设置第三科，管理全县教育事宜。同年5月，教育部发文，规定各省管理教育的行政机构统称为教育司。在不长的时间内，从中央到地方，初步建立起了民初教育行政机构的框架。

整体设计教育发展规划

蔡元培就任教育总长之后，不仅着手确定民国教育发展指导方针以及组建一个强有力的教育部，而且对全国教育总的发展规划进行了初步的构想。1912年5月，他北上之后向当时的参议院阐明了他对全国教育进行改革的计划，包括教育方针、教育设施、教育行政、教育经费、留学教育计划、民族教育等六个方面。

关于教育方针，蔡元培认为应有普通教育和专门教育之分，普通教育“务顺应时势，养成共和国民健全之人格”，专门教育“务养成学问神圣之风习”。这一教育方针实际是五育并举、全面发展教育宗旨的具体化。

关于教育设施，蔡元培主张在全国范围内设置中小学校及中等以下职业学校，并借助社会力量办学，派遣留学生，以实现发展专门教育、培养专门人才的目标。此外，要为盲哑残疾者设立各种特殊学校，以实施特殊教育。这实际上是一个建立包括普通教育、专门教育、社会教育、特殊教育四个系统在内的教育体制的构想。

关于教育行政，蔡元培特别提出要划定中央教育行政的权限。他认为专门教育应由教育部直辖分区规定施行，普通教育则由教育部统筹、监督，责成各地方教育行政机关执行。这就是说对大学及高等专门学校，教育部进行直接管理，而对中小学之类的普通教育，教育部只进行间接管理，直接管理权下放给地方教育行政机关。

关于教育经费，蔡元培主张国家和地方各有负担分别管理。蔡元培把教育经费划分为普通教育经费和专门教育经费两种，要求从国家税收或国有财产中取一部分作为专门教育经费的基本金。普通教育经费则“取给于地方税或以地方公有财产为基本金”。但

唐绍仪内阁成员合影，左一为蔡元培，右一为国务总理唐绍仪。

由于当时国内政局动荡，内战纷争以及西方列强侵扰、掠夺，蔡元培要求保证教育发展之基本费用的主张，实际上成为虚言。

关于留学教育，蔡元培强调以后派遣留学生要由中央政府直接管理，并要求提高派遣留学生之资格。他说："全国高等教育，既归教育部直辖，以后派遣留学，拟由中央政府直接办理，并以直接能进外国高等专门学校及本国高等专门学校毕业成绩最优，而更求深造者为限。"蔡元培的这一设想后由教育部颁发有关规程得到实施。

关于民族教育，蔡元培主张各民族教育应当平等，如蒙古、西藏等民族之教育，应当根据其习俗和语言尚多隔阂等实际情况进行特别的规划。

蔡元培提出的全国教育发展总规划构想，在1912年7月召开的全国临时教育会议上，由与会代表经过详细的讨论和审核，最后大部分成文颁布实施。

主持筹划全国临时教育会议

为了征集全国教育专家的意见，谋划教育事业的发展，蔡元培精心筹划并主持召开中华民国成立后的第一次中央教育会议，即全国临时教育会议。1912年5月8日，教育部通电各省，拟于暑假前召开临时教育会议，讨论学制系统、学校规划等问题。5月13日，通告临时教育会议将于7月10日在北京举行，各省推选议员二人。5月25日，教育部将筹开临时教育会议的缘由，以及会议章程第九条、议事规章七章四十五条，缮呈大总统鉴核。27日，以部令公布。其中章程第三条规定议事内容：学校系统、学校规程、学校由中央管辖与地方管辖之分、蒙回藏教育、小学教员优待及检定法、国歌、高等教育会议组织等。第四条规定会议由四部分人组成：由教育总长延请者；由各省蒙藏各推举二人、华侨一人；由教育总长于直辖学校职员中选派者；由教育部内务、财政、农林、工商、海陆军各部派出者。全国临时教育会议于7月10日在北京召开，8月10日闭幕，前后历时一个月，到会代表有全国各省及华侨代表共56人。

虽然在会议开幕后不久，蔡元培于7月14日辞去教育总长一职，改由次长范源濂继任，但会议仍按原定议程进行。蔡元培在开闭幕词中深刻地阐述了这次会议的重要性，他指出："今日之临时教育会议，即中华民国成立以后第一次之中央教育会议。此次会议，关系重大，因此次会议而将来之正式中央教育会议，即此次会议为托始。且中国政体既然更新，及社会上一般思想亦随之改革；此次教育会议，即是全国教育改革的起点。"他要求与会代表对教育部所备议案，"如有意见，尽可提出"，但宜防各执己见而有意批驳，以致议而无果。"此次开会，则纯为教育，而教育事业，纯然为人，毫无利己之处，必无争执之虑。苟诸君各抱一利人之心，讨论再四，得良结果，则实为教育前途之幸。"

为使这次全国临时教育会议获取实际的效果，真正成为今后教育改革的起点，以适应资产阶级建立共和政体、改造中国社会的需要，蔡元培在全国临时教育会上所致的开会词中，阐明了民国教育与君主时代也就是封建专制时代教育的区别。他说："君主时代之教育方针，不从受教育者本体上着想，用一个人主义或用一部分人主义，利用一种方法，驱使受教育者迁就他之主义。民国教育方针，应从受教育者本体上着想有如何能力，方能尽如何责任；受如何教育，始能具如何能力。"他认为现在之教育，"须立于国民之地位而体验其在世界、在社会有何等责任，应受何种教育"。为此，蔡元培重申了他在《对于新教育之意见》中提出的五育并举、和谐全面发展的教育方针。蔡元培的宣传、阐释工作实际上在思想理论上和人们的观念转变上，为民国教育尽快摆脱封建教育的影响，创造了条件。

为使民国教育切实地摆脱封建专制教育的影响，蔡元培在临时教育会议上特提出“学校不应拜孔案”，由教育部参事蒋维乔作了说明。该案列举学校不应拜孔的理由有三：

（一）前清学堂管理通则有拜孔子仪式，施行以来，窒碍殊多。孔子并非宗教家，尊之自有其道，今乃以宗教仪式崇奉于学校之中，名为尊孔，实不合理。

（二）教育与宗教各有目的，不宜强合为一。今以似是而非之宗教仪式行学校，既悖尊孔之义，尤乖教育目的。

（三）宪法公例，信教自由为三大自由之一，今以学校拜孔之故，至令他教之子弟，因信仰不同，不肯入学，既悖宪法公例，尤于教育普及大生障碍。

有此三理由，故学校之中，宜将此项礼仪删去，候公决施行。提案经入会代表热烈讨论、再三审议，最后鉴于拜孔已为数千年之习惯，一旦明令废除，“恐起社会上无谓之风潮；只须于学校管理规程内删除此节，则旧日仪式自可消灭于无形”。

针对清末学制与当时学习西方教育存在着盲目照搬之弊，蔡元培在这次全国临时会议上提出了教育界吸取国外办学之经验应坚持的原则：“从原理上观察，可行则行，不必有先我而为之者。”他说中国人在对国外的认识上，要么是自大，“保守心太重，以为我中国有四千年之文化，为外国所不及，外国之法皆不足取”，及海禁打开，屡经战败，“则转而为崇拜外人，事事以外国为标准，有欲行之事，则曰是某某国所有也。遇不敢行之事，则曰某某等国尚未行者，我又何能行？此等几为议事者之口头禅，是由自大而变为自弃也”。蔡元培指出：清末所定教育规程制度，大多取法日本，这与欧洲相比，于国内之情相宜之处或许多一点，但要知日本国体与我不同，因此也可兼采欧美相宜之法，纵使欧美各国尚未实行，“而教育家正在鼓吹者，我等亦可采而行之”。在蔡元培的心目中，适合国情，于我教育发展有利者即可仿效。

可见，蔡元培在这次全国临时教育会议上，就民国教育的发展做了一次思想统一工作。全国临时教育会历时一月，于8月10日闭会。其间共开会19次，提出议案92件，讨论了许多重要的教育政策与措施，最后议决的有《教育宗旨案》、《学校系统案》、《小学教育令案》、《中学教育令案》、《师范教育令案》、《划分学校管辖案》、《蒙回藏教育计划案》、《小学教员俸给规程案》、《中央教育会议组织办法案》、《教育会组织法案》等23

件。虽然蔡元培于会议召开不久已辞去教育总长职务，但会议实际上是在他的教育思想指导下进行的。他的主要教育主张最终通过会议得到实现，如他关于教育宗旨的主张，他起草的《大学令》等都由教育部1912年陆续颁发施行，中华民国教育体制的雏形已现端倪。事实表明，蔡元培正是这个教育新体制的重要奠基人。

出掌北京大学校长，形塑中国现代大学模式

1917年1月，在黎元洪政府教育总长范源濂的敦请下和孙中山的劝促下，蔡元培就任了北京大学校长。担任北京大学校长，是作为教育家的蔡元培一生中最有作为的一段经历。如果说蔡元培在教育总长任内改造旧教育、建立民国新教育体系的抱负没有得到全面施展的话，那么，在任北京大学校长期间，他“博采众议，厉行革新”，使北京大学由一所封建腐朽思想和官僚堕落习气笼罩的学府，变为一所思想活跃、充满生机的名副其实的中国最高学府，并在此基础上形成系统的、颇有特色的大学教育思想。这不仅对北京大学的发展和对中国近代高等教育事业的发展产生了重要影响，而且还“对一个民族、一个时代起到转折作用”。

1917年任北京大学校长时的蔡元培。

自1916年12月26日总统黎元洪颁布命令“任命蔡元培为北京大学校长”，蔡元培前后在北京大学校长岗位上十年有半，而实际在校办事，不过五年有半。具体情形是：从1916年12月26日正式任命至1923年1月之前，在这段时间内，除1920年11月至1921年9月，他因赴欧美国家考察，由蒋梦麟代理校长外，其余有五年多时间均是由他直接主持

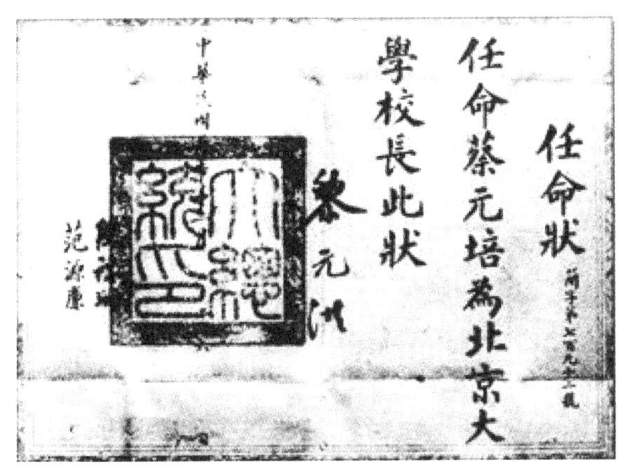
任命狀

任命蔡元培為北京大學校長此狀

黎元洪

蔡元培担任北京大学校长的任命状。

北京大学校务。1923年1月，蔡元培辞职离校出京。7月20日蔡元培再度离沪赴欧。在他出国期间，由蒋梦麟代理北京大学校长。1927年4月，南京国民政府成立。6月，蔡元培出任北京大学校长。在此期间，他一直留在南方，但在名义上仍为北京大学校长。1928年6月，蔡元培在国民政府第70次会议上，提议废除京师大学堂之称，恢复北京大学之名。结果政府下令将京师大学校改称为中华大学，由蔡元培兼任校长。1929年9月，蔡元培又被任命为北京大学校长。不过，最后这两次蔡元培均未复命。1930年9月，蔡元培被获准辞去北京大学校长职务。

1917年1月9日蔡元培向全校作《就任北京大学校长之演说》摘录：

“予今长斯校，请更以三事为诸君告。

“一曰抱定宗旨。诸君来此求学，必有一定宗旨，欲求宗旨之正大与否，必先知大学之性质。……大学者，研究高深学问者也。外人每指摘本校之腐败，以求学于此者，皆有做官发财思想，故毕业预科者，多入法科，入文科者甚少，入理科者尤少，盖以法科为干禄之终南捷径也。因做官心热，对于教员，则不问其学问之浅深，惟问其官阶之大小。官阶大者，特别欢迎，盖为将来毕业有人提携也。现在我国精于政法者，多入政界，专任教授者甚少，故聘请教员，不得不聘请兼职之人，亦属不得已之举。究之外人指摘之当否，姑不具论。弭谤莫如自修，人讥我腐败，而我不腐败，问心无愧，于我何损？果欲达其做官发财之目的，则北京不少专门学校，入法科者尽可肄业于法律学堂，入商科者亦可投考商业学校，又何必来此大学！所以诸君须抱定宗旨，为求学而来。入法科者，非为做官；入商科者，非为致富。宗旨既定，自趋正轨。诸君肄业于此，或三年，或四年，时间不为不多，苟能爱惜光阴，孜孜求学，则其造诣，容有底止。若徒志在做官发财，宗旨既乖，趋向自异。平时则放荡冶游，考试则熟读讲义，不问学问之有无，惟争分数之多寡；试验既终，书籍束之高阁，毫不过问，敷衍三四年，潦草塞责，

蔡元培题写的燕京大学校名。

文凭到手，即可藉此活动于社会，岂非与求学初衷大相背驰乎？光阴虚度，学问毫无，是自误也。且辛亥之役，吾人之所以革命，因清廷官吏之腐败。即在今日，吾人对于当轴多不满意，亦以其道德沦丧。今诸君苟不于此时植其基，勤其学，则将来万一因生计所迫，出而任事，担任讲席，则必贻误学生；置身政界，则必贻误国家，是误人也。误己误人，又岂本心所愿乎？故宗旨不可以不正大。此余所希望于诸君者一也。

"二曰砥砺德行。方今风俗日偷，道德沦丧，北京社会，尤为恶劣，败德毁行之事，触目皆是。非根基深固，鲜不为流俗所染。诸君肄业大学，当能束身自爱。然国家之兴替，视风俗之厚薄。流俗如此，前途何堪设想！故必有卓绝之士，以身作则，力矫颓俗。诸君为大学学生，地位甚高，肩此重任，责无旁贷，故诸君不惟思所以感己，更必有以励人。苟德之不修，学之不讲，同乎流俗，合乎污世，己且为人轻侮，更何足以感人。然诸君终日伏首案前，芸芸攻苦，毫无娱乐之事，必感身体上之苦痛。为诸君计，莫如以正当之娱乐，易不正当之娱乐，庶于道德无亏，而于身体有益。诸君入分科时，曾填写愿书，遵守本校规则，苟中道而违之，岂非与原始之意相反乎？故品行不可以不谨严。此余所希望于诸君者二也。

"三曰敬爱师友。教员之教授，职员之任务，皆以图诸君求学便利，诸君能无动于衷乎？自应以诚相待，敬礼有加。至于同学，共处一室，尤应互相亲爱，庶可收切磋之效。不惟开诚布公，更宜道义相勖，盖同处此校，毁誉共之。同学中苟道德有亏，行有不正，为社会所訾詈，己虽规行矩步，亦莫能辞，此所以必互相劝勉也。”

虽然蔡元培在北京大学实际主持工作的时间并不长，但由于他的办学思想先进，办学目标明确，改革措施有力，北京大学的面貌焕然一新。因而，蔡元培主持北京大学的这段时间，是北京大学历史上一个非常重要的发展阶段，也是蔡元培的教育人生中最出彩的一段。从某种意义上讲，北京大学因为有了蔡元培才成为名副其实的中国最高学府；蔡元培也因为在北京大学实施了卓有成效的改革，才成为中国近代教育史上伟大的教育家。

遵循“学术本位”的办学理念

大学是什么？蔡元培在1919年9月20日的《北京大学第二十二开学式演说词》中指出：“大学并不是贩卖毕业证书的机关，也不是灌输固定知识的机关，而是研究学理的机关。”这明确表述了蔡元培的“学术本位”办学理念，也是他改革北京大学的根本指导思想。为了贯彻这一办学理念，蔡元培进行了一系列的改革。

明确大学的办学目标

1917年1月，蔡元培就任北京大学校长时就对北京大学师生明确提出三点要求：抱定宗旨，砥砺德行，敬爱师友。其中特别强调“抱定宗旨”这一条。他指出：“诸君来此求学，必有一定宗旨，欲求宗旨之正大与否，必先知大学之性质。……大学者，研究高深学问者也。”“所以诸君须抱定宗旨，为求学而来。”很明显，他一方面要求学生放弃对功名利禄的追求，孜孜于求学，养成高深的学问；另一方面要求把北京大学办成研究高深学问的机关。这样，蔡元培就鲜明地提出了他主持北京大学的工作目标。

作为一位有抱负的教育家，蔡元培决心把北京大学办成世界一流的学府。1917年12月，他在北京大学成立二十周年纪念会上发表演说，指出德国有柏林大学、莱比锡大学等著名学府，北京大学的目标就是急起直追，赶上它们的发展水平。“本校二十年之历

1917年6月蔡元培（前排右五）与北京大学中国哲学门第一届毕业班师生合影。

史，仅及柏林大学五分之一，莱比锡大学二十五分之一，苟能急起直追，何尝不可与之平行发展。”

在蔡元培的心目中，要把北京大学办成研究高深学问的机关，办成世界一流的学府，就要重视最基础的文理学科。在他的主持下，北京大学对学科和课程设置进行了改革。

蔡元培认为，文理两科是农、工、医、商、法高等应用学科的基础，而这些应用学科的研究时期，仍然要归到文理两科来。所以北京大学扩充了文、理两科，停工、商科（工科合并到北洋大学，商科停招生），并准备把法科分出办成独立的专科大学（后来未能实现）。原来北京大学是五科（即文、理、法、商、工）并立没有重点，加上当时预科与本科争胜，另外北洋军阀政府拨给的教育经费有限，不能全面照顾。通过改革，加强了文理两科。

蔡元培重视文理基础学科，一方面受其“学为学理，术为应用。……纯粹的科学与哲学，就是学。学必借术以应用，术必以学为基本”的思想影响；另一方面也受德国大学重学理之风的影响。他曾指出，在课程设置上对于文理两科特别注重，是为了与德国重学理、重哲学相类，是为了“能与彼国之柏林大学相颉颃耳”。

为了使学生能文理兼通，潜心于学理的研究，1918年北京大学废去文、理、法科之名，改门为系。蔡元培后来回忆他在北京大学的经历时说，那时候，他有一个理想，“以为文理是不能分科的，例如文科的哲学，必植于自然科学，而理科学者最后的确定，亦往往牵涉哲学。……所以把北京大学的三科界限撤去列为十四系，废学长，设系主任。”

蔡元培希望把北京大学办成研究高深学问的机关，成为中国最高的文化中心，成为世界一流的学府，这实际上是他给北京大学规划的长远目标。为了实现这个长远目标，他又不时地给北京大学规划出短期目标。为了有效地实现他给北京大学规划的总目标，蔡元培又提出了一些具体目标和要求。

1918年，北京大学出版《北京大学二十周年纪念册》，蔡元培在此书所作的序中指出，北京大学虽有20年历史，也取得了一些聊以自慰的成绩，但是如果拿“欧美各国大学之成绩与相比较，则吾人之自惭将如”。因此，他要求师生继续奋进，“使他日25年纪念时，顿增重大之关系，以稍减心中的惭愧”。北京大学在纪念成立25周年时，蔡元培提出今后的一年中要办三件事：“第一，造成一个大会场，造一所好的图书馆；第二，要印出关于世界上最重要、最有价值的三部丛书；第三，希望组织一个普遍的同学会。”

以上提及的各种目标和由此采取的种种措施及改革，都是为了使“学生于研究学问以外别无其他之目的”，都是为了实现他给北京大学规划的总目标或长远目标。通过目标的确定与改革，激发学生的学习兴趣和热情，有利于培养学术研究的专门人才。蔡元培就任北京大学校长时给学校确定的目标，往后就一直没有更动过。不管是“五四”以后，回任北京大学校长时对学生的告诫，还是1921年考察欧洲回国后在北京大学的演说，或是1924年给北京大学师生的信，蔡元培都一直在为实现他给北京大学规划的目标努力着。

从上述事实和蔡元培的有关主张中可以看出，尽管他没有明确意识到，或没有明确表述过，但实际上他在北京大学实施的是一种“目标管理”，所进行的这种目标管理实践具有下面几个显著特点：

第一，一旦为大学确定了明确的目标，就始终不渝地去实施，不因时间和外在环境的变化随意更动。显然，蔡元培给北京大学确定的目标具有相对的稳定性，成为他对学校进行管理的方针。

第二，蔡元培给北京大学确定的目标是多层次的，既有总目标、长远目标，也有具体目标、短期目标，并且这些目标彼此互相联系，具体目标、短期目标的完成，就是促进长远目标、总目标的实现。

第三，目标一旦确定，蔡元培就努力使全校师生员工共同为之奋斗，而不只是他进行管理、决策的出发点，有明确的总目标，使之保持相对的稳定性，同时又有为实现总目标所制定的具体和切实的措施与管理，这是蔡元培对北京大学进行管理的一条重要经验。蔡元培在北京大学所实施的这种目标管理，对学校整个工作的管理和发展起了很重要的作用，尤其在改变学生的求学目的、培养学生的兴趣、促进学术的发展上，产生了积极的影响。但是，由于蔡元培对学生参加政治运动存有偏见，在革命形势发展、国家民族面临危机、需要学生带头起来反抗帝国主义侵略和军阀专制统治的时候，他还一再强调学生要以读书、研究学理为主，甚至在学生起来反抗国民党的高压政策时，指责学生“有违常轨”，“起无激风波”。这表明，蔡元培在北京大学所实施的“目标管理”也有一定的局限性。

匡正学风，提增学术正能量

蔡元培清楚地看到，科举时代遗留下来的劣根性和学生身上的封建官僚习气严重败坏着北京大学的学风。受“官本位”文化观念影响，学生平时学习不用功，考试则背讲义，不问学问有无，唯争分数高低，考试结束，束书不观，敷衍三四年，潦草塞责，一俟文凭到手，即借此活动于社会。其结果，光阴虚度，学问毫无，是自误也；出而任事，或担任讲席，则必贻误学生，或置身政界，则必贻误国家，是误人也。整顿北京大学的腐败，改变北京大学学生的观念，在办学指导思想上的一次重大变革，是对数千年来中国传统办学观念的一次重大冲击。因而，他强调：“大学学生，当以研究学术为天职，不当以大学为升官发财之阶梯。”蔡元培明确提出以“学术本位”立校，他指出，大学不是“职业教育机关”，学生进大学的目的就是“为求学而来”。大学作为研究理论的机关，学者不仅自己应当有研究的兴趣和能力，而且还应该能够引起学生的研究兴趣，大学“不是灌输固定知识的机关”，而必须在教师的指导下自动地研究学问。

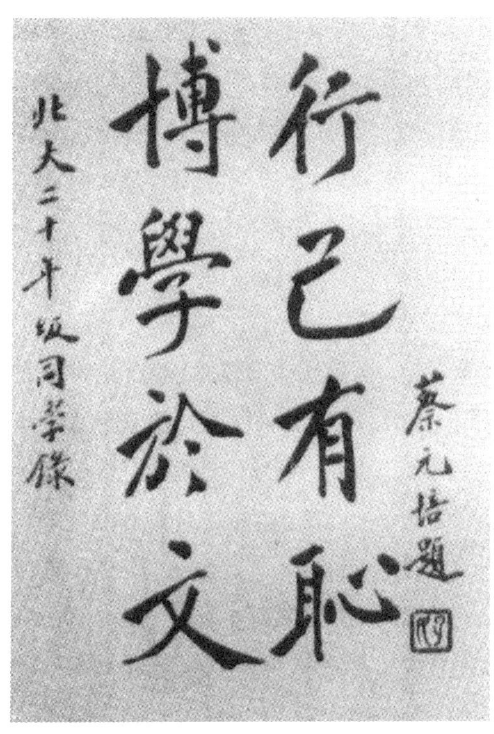

1918年蔡元培为北京大学二十年级同学录题词。

蔡元培极力反对违反自然、束缚个性的教育。他指出，教育者应“深知儿童身心发达之程序，而择种种适当之方法以助之”。就像农家对待植物那样，“干则灌溉之，弱则支持之，畏寒则置之温室，啬食则资以肥料”。提倡自动、自学、自己研究的教学方法，不能像注水入瓶一样，注满了就算完事。最重要的是引起学生读书的兴趣，使学生自动地求学。为了进一步调动学生学习、研究学理的兴趣，1919年北京大学实行选科制。据《北京大学校史》记载，当时规定本科生学满80单位（每周一学时，学完全年为一单位）即可毕业，在80个单位中又规定一半为必修课，一半为选修课。在选修课中不仅可

1919年5月4日北京大学的游行队伍。

以选修本系课程，也可以进修外系课程。本科毕业后，成绩优异者还可以进研究所深造。他还提出了“改良讲义”和“添购书籍”两个计划。他要求教师讲义“只列纲要，细微末节，以及精旨奥义，或教师口授，或自行参考，以期学有所得，能裨实用”。对图书馆，他要求添购书籍，使学生能自由参考使用。对教师，他要求能够“热心教育”而不去“兼营他事”，能够“认真讲授，以提起学生研究学问的兴趣”。

网罗众家，荟萃天下英才于北大

要使北京大学真正成为一所研究学问的高等学府，关键还在于教师。蔡元培整顿北京大学从文科做起，他延聘教员从聘请文科学长开始。到北京大学后，他重用《新青年》杂志主编陈独秀，聘请他担任北京大学文科学长。1917年1月13日，教育部根据蔡元培的呈请，发布第三号部令，正式任命陈独秀为北京大学文科学长。陈独秀随即到北京大学文学科任职，并将其主编的《新青年》杂志也迁到北京。《新青年》提倡民主和科学，反对旧道德，提倡新道德，反对旧文学，提倡新文学，俄国十月革命后介绍马克思主义，在当时思想界影响很大。蔡元培将陈独秀请到北京大学，不仅推进了北京大学

在蔡元培支持关怀下出版的《新青年》、《新潮》杂志。

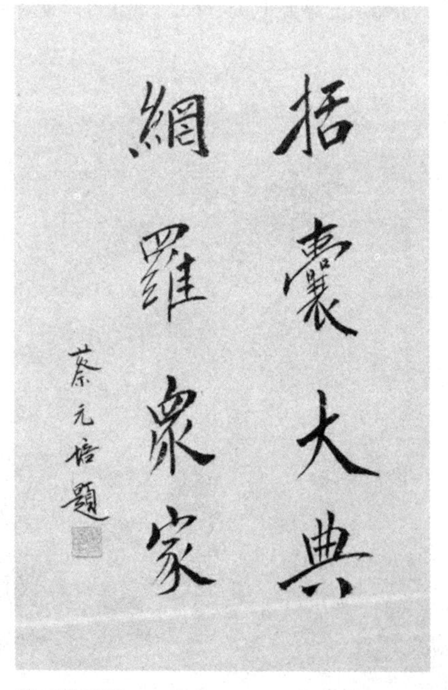

蔡元培题词。

1920年蔡元培为《新青年》第6号"五一劳动纪念号"题的词。

文学的改革，尤为重要的是，以《新青年》为阵地，团结了北京大学文科中一批具有新思想的教员，对北京大学成为五四青年文化运动发源地产生了积极的作用。

蔡元培重用陈独秀出任文科学长的同时，邀请另一位重要的新派教员——年仅26岁的胡适到北京大学执教。蔡元培把胡适引进北京大学，并给以信任和重用，为胡适施展才华提供了广阔的舞台。胡适到北京大学后，参与了《新青年》的编辑工作，很快就成了新文化运动的中坚人物。1917年，胡适到北京大学，第一年即担任哲学研究所主任，兼任英文科教授会主任。次年，当选为北京大学评议会评议员。1919年，出任北京大学代理教务长。1920年，担任北京大学预算委员会和聘任委员会委员、出版委员会委员长。1922年，任教务长和英文系主任等。他积极支持和参与北京大学的各项改革，如设立研究所、采用选科制、实行教授治校、男女同学等，成为蔡元培改革北京大学的得力助手。

继陈独秀之后，1918年初，蔡元培引进新派教员李大钊担任北京大学图书馆主任一职。李大钊对北京大学图书馆的建设开展许多开创性的工作，建立健全图书馆制度，从国外购进大量图书，传播新文化新思想，包括马列主义经典著作和其他社会主义文献，被誉为我国近代图书馆事业的奠基人。他还在大学讲坛上系统讲授和宣传马克思主义理论，成为中国现代教育史上在大学讲坛上最早讲授马克思主义的一位教授，教育和影响了一大批先进知识分子走向信仰马克思主义的道路。

鲁迅是与北京大学历史密切相关的重要人物之一。1917年8月，鲁迅应蔡元培的要求为北京大学设计校徽图形图案，他巧妙地将"北京大学"两字组织成一个圆形图案，为北京大学所接受，成为北京大学的校徽。从1918年起，鲁迅参加《新青年》编辑部，并在《新青年》先后发表了白话小说《狂人日记》、《孔乙己》、《药》、《故乡》等，产生了很大的影响。1920年8月2日，鲁迅正式被聘任为北京大学文科讲师，讲授"中国小说史略"。

蔡元培在积极引进陈独秀、李大钊、胡适、鲁迅等新派教员的同时，“于新旧各派人物兼收并蓄”，十分重视团结和使用其他教员，如沈尹默、沈兼士、钱玄同，形成了一个以陈独秀为首的革新营垒，成为蔡元培整顿和改革北京大学的中坚力量，“而文学革命、思想自由的风气，遂大流行”。在理科和法科方面，也积极延聘学有专长的教师，如聘知名物理学家、相对论者夏元瑮、秦汾教授先后任理科学长，陆续聘请李四光、丁燮林、王星拱、颜任光、任鸿隽、李书华、翁文灏、朱家骅等学者任教授，充实理科教师阵容。聘请在司法部任职的王宠惠和罗文干，以及王世杰、周鲠生、马寅初、陶孟和、高一涵、陈启修等知名学者，担任法科教员。

鲁迅应蔡元培之嘱设计的北京大学校徽图案。

此外，蔡元培还聘请了一批北京大学旧教员，其中最著名的有精通英、德、法文和希腊等文的朴学硕儒辜鸿铭，出生于官宦世家、精通西洋哲学、印度宗教和中国周秦宋明诸子、年仅24岁的梁漱溟，著名的古文经学家刘师培等。据梁漱溟回忆：“1916年冬天蔡先生从欧洲回国接任北大校长时，我的一篇文章《究元决疑论》正在《东方杂志》上连载。文章的中心内容是批评古今中外的各家学说，唯独推崇佛学。……我经当时的教育总长范源濂的介绍，带着这篇文章，慕名去见蔡先生。当我拿出文章时，蔡即说他路过上海时就看过了，并说了要请我到北大教书的话。……不久，蔡先生约我与陈独秀先生于他的校长室，谈论要我到北大担任印度哲学这门课。我当即说……无论西欧或日本，讲印度哲学并不包括佛学，一般都是讲六派哲学。而我自己对六派哲学素不留意，仅仅是对佛学有兴趣而已。要我教印度哲学，怕不能胜任。蔡先生回答说，你固然不甚懂印度哲学，也没有发现旁人对此更精通。谁也不过知道得一星半点，横竖差不多，你就大胆来吧。我总不敢冒昧承担。蔡先生又说，你不是爱好哲学吗？我自己也爱好哲学，我们还有不少爱好哲学的朋友。我这次办大学，就是要将这些朋友，乃至不甚了解的朋友，都聚拢在一起，彼此磋商，共同研究，你怎么可以不来呢？你不要当做老师来教人，可以当做是来研究，来学习好了！蔡先生的一席话打动了我的心，我只有答应下来。”

经过蔡元培的一番努力，北京大学教师队伍面貌焕然一新，文、理、法各科不仅人才荟萃，集中当时国内许多著名的专家学者，而且教师队伍明显年轻化。据1918年初的统计，全校共有教员217人，其中教授90人，教授的平均年龄只有三十多岁。最年轻的教授徐宝璜，其他如胡适、刘半农、朱家骅均为26岁。这支年轻而又充满生机的教授队伍，为北京大学带来了朝气，是蔡元培进行各项改革赖以依靠的支柱。

创设研究所

受到西方大学教育的影响，从大学“是研究学理的机关”的办学理念出发，蔡元培在北京大学积极主张创设研究所。他明确指出：“凡大学必有各种科学的研究所，但各国为便利学者起见，常常设有独立的研究所。如法国的巴斯笃研究所，专研究生物化

1918年6月，蔡元培与北京大学哲学门师生合影，前排左五为蔡元培。

1917年夏与北京大学部分科技会成员合影，后排居中为蔡元培。

学及微生物学，是世界最著名的。美国富人常常创捐基金，设立各种研究所，所以工艺上发明很多。我们北京大学，虽有研究所，但设备很不完全。至于独立的研究所，竟还没有听到。”他从自己亲身经历的欧美各国游学发现，各国除设有独立研究院外，各大学无不设有相当多的研究院所。比如，他在留学德国莱比锡大学时，就在该校的文明史与世界史研究所、中国文史研究所从事学习和研究工作，并对这两个研究所的教学、研究情况作了详细记载。大学有了研究所，就可以激发学生在学理研究上的进取精神，满足教师和学生的要求。1935年初，蔡元培在《东方杂志》上发表了《论大学应设各科研究所之理由》，系统阐述了北京大学设立研究所的理由：

第一，设立研究所可以为教师的教学科研创造条件。“大学无研究院，则教员易陷于抄发讲义、不求进步之陋习。”如果大学不设立研究院所，“则除一二杰出之教员外，其普通者，将专己守残，不复为进一步之探求，或在各校兼课，至每星期任三十余时之教课者亦有之，为学生模范之教员尚且如此，则学风可知矣”。在蔡元培看来，从事科学研究需要搜集资料，购置图书和仪器设备，这都是非私人之力所能胜任。

第二，设立研究所可以使大学高年级学生得以在导师指导下有从事科学研究的机会。他认为，我国大中小学教育机构没有给学生动手试验的机会，而大学里更是完全以注入式的讲授为主，学生课程繁重，无自修之余暇和自动之机会。大学设立研究所后，“高年级生之富于学问兴趣，而并不以学位有无为意者，可采德制精神，由研究所导师以严格的试验，定允许其入所与否，此亦奖进学者之一法”。

第三，设立研究所可以为毕业学生的深造创造条件。蔡元培指出，大多数大学毕业生，往往因社会需要或个人经济关系而谋职以自赡，但“亦有少数对于学术有特殊兴趣，不以在大学所已受之教育自封者”，则通常选择出国留学。在他看来，此亦非全因崇拜外人心理，而是因为欧美各国，除独立研究院外，各大学也都设立研究院。这些研究院不仅有优秀的导师，而且相关设施，如院外独立的图书馆、博物馆、天文台、动植物园、工厂、医院等相当完备。然而出国留学费用巨大，学成归国者不多。如果“吾国大学，自立研究院，则凡毕业生之有志深造者，或留母校或转他校，均可为初步之专攻。俟成绩卓著，而偶有一种问题，非至某国之某某大学研究院参证者，为一度短期之留学；其成效易睹，经费较省，而且以四千年文化自命之古国，亦稍减依赖之耻也”。

蔡元培是我国大学设研究所的积极倡导者和先行者。他担任北京大学校长之后，借鉴欧美等国教育经验，结合我国实际情况，率先创办研究所，开了国立大学设立研究所、培养研究生的先河，对我国近代高等教育的发展产生了积极的影响。据有关研究考证，北京大学在1917年底，文、理、法三科各学科门先后分别成立了研究所。研究所及其各学门主任名单如下：

文科研究所：哲学门主任胡适、国文门主任沈尹默、英文门主任黄振声。

1917年与北京大学英文门第一次毕业班师生合影，中坐者为蔡元培。

理科研究所：数学门主任秦汾、物理门主任张大椿、化学门主任俞同奎。

法科研究所：法律门主任黄又昌、政治门主任陈启修、经济门主任马寅初。

蔡元培促成研究所成立后，不仅身体力行地支持和推动研究所的工作，还十分重视研究所的制度化建设和规范管理。如1918年5月27日，他主持召开研究所主任会议时，作出如下决议：（1）研究所设立的学科，“当以本科所无”，或“本科所有而未能详尽”之专门学科为限；（2）研究人员以毕业生为主体，研究所教员与学生须随时讲演讨论，研究所教员除特聘者外，其余皆为义务；（3）法科研究所科目改为：比较法律、刑法、国际法、银行货币、财政、经济学；（4）文科研究所科目改为：哲学门研究中国古代哲学史料问题、逻辑学史、儿童心理学，国文学门研究清代考订学、文学孳乳之研究、文学史编纂法，英文学门研究诗、近代名剧。

蔡元培还主持教授评议会，制定修改研究所章程。如1920年7月30日，评议会通过北京大学《研究所简章》。规定：

（1）研究所为访德、美两国大学Seminar办法，为专攻一种专门知识之所。

（2）暂分四门：国学研究所（中国文学、史学、哲学），外国文学研究所（德、法、英、俄及其他外国文学），社会科学研究所（法律、政治、经济、外国历史、哲学），自然科学研究所（物理、化学、数学、地质学）。

（3）不另设主任，课程另列入各系内。

（4）各系学课有专门研究必要者，由教员指导学生研究，名曰某课研究，例如康德哲学研究、溶液电解状研究等。

（5）各种研究，在图书馆、试验室举行。

（6）指导员授课时间与授他课同样计算。

（7）三年级以上及毕业生，均得择习研究课。

后来，随着研究所工作的开展和研究所建设的深入，又对上述规定作了修订。1921年评议会第三次会议，通过《北京大学研究所组织大纲》，规定：“研究所为毕业生继续研究专门学术之所”，分“自然科学、社会科学、国学、外国文学四门”，所长“由大学校长兼任”，各学门设主任一人，“由校长于本校教授中指任”，等等。此后北京大学研究所的制度化、规范化建设日益成熟，学术水平不断提高。

践行“思想自由，兼容并包”的办学方针

蔡元培从大学“是研究学理的机关”的办学理念出发，提出了“思想自由，兼容并包”的办学方针。蔡元培认为，大学应研究纯粹的学问，要为学术而学术，而不能以实用为目的。“对于各家学说，仿世界各大学通例，循思想自由原则，取兼容并包主

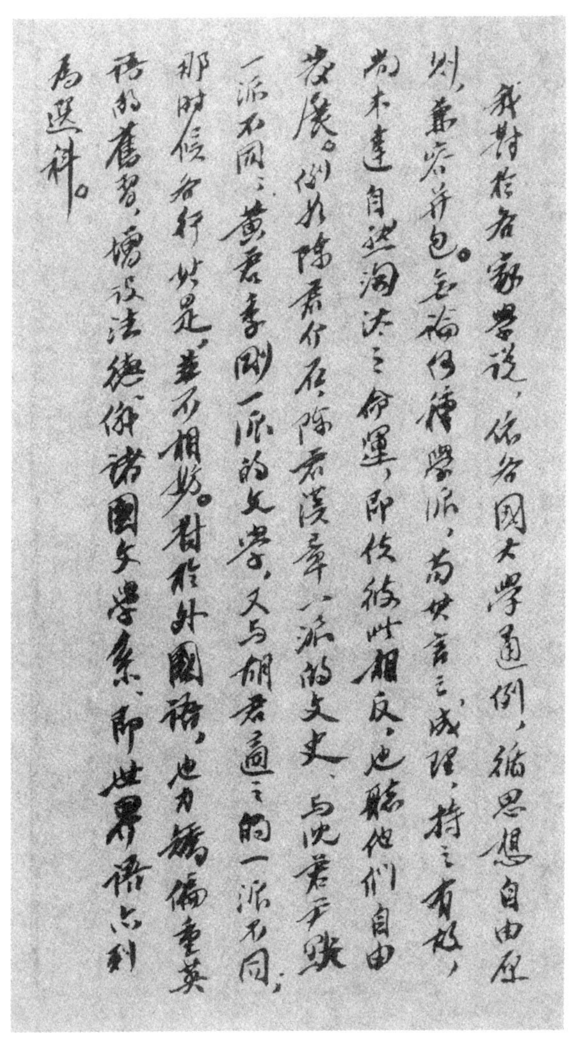
我對於各家學說，依各國大學通例，循思想自由原則，兼容并包。無論何種學派，苟其言之成理，持之有故，尚未達自然淘汰之命運，即使彼此相反，也聽他們自由發展。例如陳君介石、陳君漢章一派的文史，與沈君尹默一派不同；黃君季剛一派的文學，又與胡君適之的一派不同；那時候各行其是，並不相妨。對於外國語，也力矯偏重英語的舊習，增設法、德、俄、意諸國文學系，即世界語亦列為選科。

蔡元培阐述“思想自由，兼容并包”主张的手迹。

义……无论何种学派，苟其言之成理，持之有故，尚不达自然淘汰之命运，彼此相反，听自由发展”。蔡元培提出“思想自由，兼容并包”的办学方针，体现了他对近代意义上西方大学精神的主动汲取和对中国专制主义思想传统的理性批判。蔡元培多年留学德国，深受德国大学的办学理念影响。他曾指出：“一个民族或国家要在世界上立得住脚，而且要光荣地立住，是要以学术为基础的。尤其是，在这竞争激烈的20世纪，更要依靠学术。所以学术昌明的国家没有不强盛的；反之，学术幼稚和知识蒙昧的民族，没有不贫弱的。”正是在这种认识的基础上蔡元培形成了他的办学方针。

蔡元培认为，“思想自由，兼容并包”的办学方针是由大学的性质和真理的发展规律所决定的。大学要成为“囊括大典，网罗众家之学府”，就必须兼容并包各家各派，并让其自由发展。1918年11月，他在《北京大学月刊》发刊词中详细地解释了他的这一大学理念。他说：“大学者，‘囊括大典，网罗众家’之学府也。《礼记》《中庸》曰：‘万物并育而不相害，道并行而不相悖’，足以形容之。如人身然，官体之有左右也，呼吸之有出入也，骨肉之有刚柔也，若相反而实相成。各国大学，哲学之唯心论与唯物论，文学、美术之理想派与写实派，计学之干涉论与放任论，伦理学之动机论与功利论，宇宙论之乐天观与厌世观，常樊然并峙于其中，此思想自由之通则，而大学之所以为大也。”因此，“对于各家学说，依各国大学通例，循思想自由原则，兼容并包。无论何种学派，苟其言之成理，持之有故，尚未达自然淘汰之命运，即使彼此相反，也听他们自由发展。”

所谓“思想自由”，即“一己之学说，不得束缚他人；他人之学说，亦不束缚一己”，而应“任吾人自由讨论”，“至理之信，不必须同他人，己所见是，即可以之为是。然万不可诪张为幻”。所谓“兼容并包”，即是平等地对待各种学术观点和学术派别，即使是不同的，甚至是彼此相反的学术观点和学术派别，也应当让其自由发展，只要其“言之成理，持之有故，尚未达自然淘汰之命运”。同时，思想自由与兼容并包，两者相辅相成，互为因果。所以，蔡元培明确指出：“我素信学术上的派别是相对的，不是绝对的，所以每一种学科的教研即使主张不同，若都是‘言之成理，持之有故’的，就让他们并存，令学生有自由选择的余地。”

“思想自由，兼容并包”办学方针开创了北京大学自由讲学的传统，有利于新思想、新文化的传播和发展。蔡元培坚持“以学诣为主”的原则聘请教员，只要有真才实学，有研究学问的兴趣和能力，不问其政治倾向和学术见解。他在《我在教育界的经

马克思学说研究会部分成员合影。

验》中说：“我对于各家学说，依各国大学通例，循思想自由原则，兼容并包。无论何种学派，苟其言之成理，持之有故，尚未达自然淘汰之命运，即使彼此相反，也听他们自由发展。”因而，在北京大学教员中，既有提倡新文化运动的新派人物李大钊、陈独秀、鲁迅、胡适、钱玄同、刘半农、周作人等，也有在政治上落后保守，但在学术上有造诣的旧派人物辜鸿铭、刘师培、黄侃、陈介石、陈汉章等。新旧学派共处一校，“各行其事，并不相妨”，形成了北京大学历史上百家争鸣、自由讲学的盛况，开创了享有盛誉的北京大学自由讲学的传统，为新思想、新文化的传播和发展开辟了道路。

蔡元培提出的“思想自由，兼容并包”的办学方针，在客观上也为马克思主义在北京大学、在中国的早期传播提供了条件。在蔡元培看来，马克思主义作为一种学说，应该加以研究。因此，他允许在北京大学成立客士（马克思）主义研究会、社会主义研究会、马克思学说研究会等学术团体，并给予支持。他同意北京大学图书馆购买英、日版的马克思主义经典著作以及其他社会主义文献，拨出房间设立“亢慕义斋”（“亢慕义”即英文“Communism”之音译），收藏英文版的马列著作，如马克思、恩格斯的《共产党宣言》，马克思的《法西斯内战》，恩格斯的《社会主义从空想到科学的发展》、《家庭、私有制和国家的起源》，列宁的《社会主义运动中的“左派”幼稚病》，以及许多马列文献的中文译本，如陈望道翻译的《共产党宣言》，恽代英翻译的《阶级斗争》，李汉俊翻译的《马克思资本论入门》等等，供人们阅读、学习和研究。“亢慕义斋”实际上是我国第一个专业的马克思主义文献图书室。

蔡元培先后聘请陈独秀、李大钊到北京大学任教，他们两人后来成为中国共产党的主要创始人。正如毛泽东与斯诺谈话中所说的，在1921年中国共产党成立大会的组织上，“起领导作用的是陈独秀和李大钊，他们两个都是中国最有才华的知识领袖”，其中李大钊还在北京大学的讲坛上系统地讲授和宣传马克思主义和社会主义。在李大钊的带领和影响下，北京大学一批先进知识分子走上了信仰马克思主义的道路，其中许多人成为中国共产党的早期党员。北京大学成为中国最早的马克思主义传播中心，中国共产党建党初期党员最集中的地方。虽然这并不是蔡元培的初衷，但却是他实行“思想自由，兼容并包”的办学方针的结果。罗章龙在《追忆蔡孑民校长》一文中曾说：“北京大学，在我国革命史上产生了不可磨灭的影响，也是我国最早学习和传播马克思主义，最早成立共产主义小组，也是我党建立初期党员最多之地，这些均与蔡先生做校长分不开。要是没有蔡先生这样民主，对待革命事业，对待新思想这样竭尽全力支持的校长，那么北京大学也就不会有那么大的贡献；蔡先生不聘请李大钊、陈独秀等到北京大学工作，那么共产党的活动就不会在北京大学开展；蔡先生不支持革命事业，不支持进步力

1919年7月，李大钊等发起成立少年中国学会，蔡元培应邀出席成立会并发表演说。

量，北京大学就不会成为五四运动、新文化运动的发祥地，不会成为最早在我国传播马克思主义、最早成立共产主义小组的地方！”

在“思想自由，兼容并包”的方针下，蔡元培领导的北京大学思想活跃，新思潮勃兴，新文化空前发展，学生民族意识大为增强，爱国热情大为高涨。北京大学成为中国新文化运动的中心，马克思主义在中国早期传播的中心，进而深刻影响了中国文化教育和社会的发展。因而人们在评论蔡元培的历史功绩时，往往把他同北京大学的发展、同中国社会的进步相联系。1946年，美国学者杜威指出：“拿世界各国的大学校长来比较一下，牛津、剑桥、巴黎、柏林、哈佛、哥伦比亚等等，这些校长中，在某些学科上有重要贡献的，固不乏其人；但是以一个校长身份，而能领导那所大学对一个民族、一个时代起到转折作用的，除蔡元培而外，恐拍找不出第二个。”

开创“教授治校”的中国现代大学内部管理体制

蔡元培是国内最早提倡教授治校的教育家。早在民国元年，他任教育总长时亲手起草的《大学令》中，就提出大学各科设立教授会，并对评议会、教授会的组织和职责作了具体规定，用法律的形式确定了教授治校的体制。在“学术本位”的大学理念和“思想自由，兼容并包”的办学方针引领下，蔡元培致力于北京大学的内涵建设与改革，创建了“教授治校”的大学内部管理体制，建立起民主参与分权管理的制度。这是蔡元培重要的大学管理创新，也是他对我国近代大学管理所作的重要贡献。

蔡元培深受封建教育思想的影响，而且曾作为封建专制统治集团内的一员，在清王朝统治的中心京城生活过。但他对专制的封建统治深恶痛绝，故由“翰林”起来革命。后来他留学德、法，受资产阶级自由、平等、博爱之说的影响，在大学管理体制上，对德国大学教授治校的评议会制度非常赞赏。

“五四”风潮后的1919年9月，蔡元培在回任北京大学校长时发表演说，有一段话很集中地反映了他在北京大学所推行的一种管理思想。他说：“我初到北京大学，就知道以前的办法，是一切教务都由校长学监主任、庶务主任少数人办理，并学长也没有与闻的，我以为不妥，所以第一步组织评议会给多数教授的代表议决立法方面的事。但校长与学长仍是少数。所以第二步组织各门教授会，由各教授与所公举的教授会主任分任教

北大校园中的蔡元培纪念碑。

务。将来更要组织行政会议，把教务以外的事务，均取会议制，并要按事务性质，组织各种委员会，来研讨各种事务。”

蔡元培就任北京大学校长之前，北京大学还保持着京师大学堂的衙门式管理。评议会的权限并没有得到真正落实，学校行政事务的决定权依然集中在少数几个人手中，甚至连各课学长都不参与。对此情况，蔡元培深为不满，因此，在执掌北京大学校长之后，便着手进行改革，建构教授治校的管理体制。

一是组织大学评议会，作为学校的立法机关，“给多数教授的代表，议决立法方面的事”。评议会的权力是制定和审核学校的各种章程、条令；大学立法均须评议会通过；决定学科的废立，审核教师的学衔和学生的成绩；提出学校的预算费用。其实在1912年蔡元培任南京临时政府教育总长时所颁布的“大学令”中就规定了大学要设评议会，只是后来受动乱形势的影响和一些封建顽固势力的干扰才没有很好地实行。蔡元培任北京大学校长之后，才使这项制度得到全面实行，从中可以看出，评议会是作为全校的最高立法机关和权力机构设置的。在蔡元培上任的当年即正式成立评议会，并于1917年制定《北京大学评议会规则》，共八条：

第一条　本会以左列人员组织之：（甲）校长。（乙）学长及主任教员。（丙）各科教授。每科二人，自行互选。以一年为任期，任满得再被选。

第二条　本会议长一人，以校长任之。书记一人，由会员中推选。

第三条　选举于每年暑假后第一个月内行之。

第四条　本会讨论左列各事项：（甲）各学科之设立及废止。（乙）讲座之种类。（丙）大学内部规则。（丁）关于学生风纪事项。（戊）审查大学学生成绩及请授学位者之合格与否。（己）教育总长及校长咨询事件。（庚）凡关于高等教育事项将建议于教育总长者。

第五条　本会每月开常会一次，由议长指定日期，于三日前通知。

第六条　本会遇有特别事件，由议长径行或过半会员之提议，召集临时会议。

第七条　本会非有过半人数以上列席，不得决议事件。

第八条　本会议决事件，凡关于校内者，由校长分别交该管职员办理，惟第四条庚项之建议，得以本会名义行之。办理情形，会员可随时请该管职员出列报告。

1920年春，又对评议会规定作出较大修订，内容更为具体、全面，对评议会组成人员的教授资格和评议会如何运作，做了具体规定，北京大学评议会工作更加制度化、规范化。

蔡元培塑像（曾竹韶作，立于北京大学未名湖畔）。

二是组织各学科各学门的教授会。为了让更多的教授参与学校事务，直接参与决定各学门具体事宜，蔡元培在大学评议会下还建立了各学门教授会。1917年，制定《北京大学评议会规则》的同时，还制定了《北京大学学科教授会组织法》。自1918年1月起，北京大学各学门陆续成立了教授会。1919年，废学门而改为学系后，也相应改为各系教授会。1920年9月18日，在评议会通过的《北京大学现行章程》中明确规定："各学系教授会由各学系之教授组织之，规划本学系教科上之事务。"各系、各学科的教学工作(如课程设置、学生的成绩考核等)应由各系的教授会来规定。因此，北京大学废门改系后，各系成立了教授会，系主任由教授当选，起初任期二年（后改为固定职务）。

三是建立行政会议、教务会议和总务处。它们的职能分别是：行政会议"协助校长规划推行全校事务"，由各常设行政委员长及总务长组成，校长为当然议长，教务长为当然会员，总务长为当然会员兼书记。教务会议"协助校长规划教务，督促进行"，以教务长及各学系主任组成。总务处"管理全校之事务"，设立总务长一人，总务委员若干人。根据学校事务的不同性质，行政会议下设十一个专门委员会。据《北京大学校史》记载，这十一个专门委员会是：庶务委员会（管理全校的房舍、卫生），组织委员会（负责草拟各种章程），预算委员会（提出预算），出版委员会（负责全校书刊杂志出版），仪器委员会（采购保管仪器），图书委员会（管理、采购图书），聘任委员会（负责聘请教师），审计委员会（审核经费使用情况），学生自治委员会，入学考试委员会，新生指导委员会。学校的行政委员会是全校的最高行政机关和执行机构，评议会决定的事项，一般交行政会议实施。至1920年9月，蔡元培已在北京大学建构了一个以校长为核心，以评议会为立法机关，以行政会议、教务会议、总务处为行政机构，以教授为各机构的成员或领带力量的"教授治校"管理体制，形成了民主参与分权高效的管理体制。

蔡元培在北大开创的以"教授治校"为核心的大学内部管理体制具有以下特征：其一，把学校的管理权看成是多层次的。从广义上讲，管理权有决策权、指挥权、监督权。蔡元培在北大实施的管理，是要求学校的校长及评议会只行使决策权，对有关学校的重大事情，校长和评议会吸收下面各行政部门、教务部门及学校师生员工的意见，经过商讨进行决策，而把指挥权交给行政会议和教务处、总务处，放手让他们处理学校中的各种行政事务和教务。当然学校评议会以及各系的教授会、全校的师生员工对于校长、评议会的决议和行政会议、总务、教务处的指挥有监督权，可提出不同的意见由校长、评议会议决。如蔡元培曾想把北大办成纯文理两科的本科大学，考虑到当时北大的校舍与经费，也曾提议将法科分出去，后因师生持有异议而没有议决执行。其二，按学校事务的不同性质，设立相同的机构，授予相应的管理权力。蔡元培在北大进行的管理体制改革，使学校的管理机构和组织形成了一种多维结构。如前述，在北大既有学校校

蔡元培任北大校长时的办公室外景，后辟为"孑民纪念堂"。

长、评议会→行政会议（教务处、总务处）→系主任（教授会）这样的行政组织系统，又有如学生自治委员会、新生指导委员会等综合性的工作组织。这样，在北大就有了行政组织、综合工作组织、群众组织三方面的分工与协作。其三，一旦把权力分配给不同的组织、机构与当事人，就放手让他们行使自主权。这是蔡元培在北大进行民主参与分权管理的一个重要特点。如蔡元培聘请陈独秀任文科学长、李大钊任图书馆主任，都给他们充分的自主权，无论在教师、工作人员的选聘、课程的设置、学术讲授，还是社会活动方面，只要不违背阻碍学校目标的实现，就任其自由。

蔡元培借鉴德国大学的管理经验，在北京大学建立教授治校管理体制，是对中国传统大学管理的改革和创新，改变了大学事务由校长等少数人说了算的专制管理。事实证明，蔡元培建立的教授治校的民主参与分权管理体制，对北京大学的稳定和发展起了积极作用。

倡导"教育独立"之思想

"教育独立"作为一种思潮，萌于"五四"之前，兴于20世纪20年代。由于军阀混战，经济凋敝，教育不受政府重视，引起了教育界的强烈不满。"五四"前后由于政府拖欠教育经费、积欠教职工薪资引起的请愿、罢教、罢课风潮此起彼伏。为维持教育的正常运行，教育界发起了向北洋政府争取教育经费独立的斗争，进而出现教育独立思潮。

一贯主张思想自由、学术自治的蔡元培积极倡导和支持教育独立思想和运动。1922年2月，蔡元培写了《教育独立议》一文，系统地阐述了他关于教育独立的见解，并提出了实施教育独立的具体方案。蔡元培关于教育独立的基本思想主要有以下几点：

（一）教育在于"养成完全之人格"。蔡元培主张，教育是帮助受教育者获得能发展自己的能力，形成健全人格，对人类文化尽一份责任，而不是把受教育者造成一种特别的器具去应用。他认为，我国高等教育完全是为统治阶级服务的，培养统治阶层官员，以维持和巩固其专制统治。教育功能仅仅体现在促进社会发展的政治和经济功能，忽视培养人的发展功能。培养人、发展人的个性和人格才是教育的基本功能。所以，教育事业应当完全交予教育家，保有独立的资格，不受各派政党或各派教会的影响。

（二）教育事业当交予教育家办。由于军阀割据，地方官僚任意干涉教育，使教育事业陷于混乱，不能健康发展。蔡元培及时提出了教育家办教育的思想。他认为，教育家比政治家更懂教育的本质和教育规律，能更好地遵循教育发展规律去办教育事业。因此，教育事业应该交给教育家办，而不是政治官僚和军阀。

（三）应当有独立的教育经费。军阀混战，经济凋敝，政府用于发展教育事业的经费很少，而且经常挪用、拖欠，导致教育事业难以为继，引起了教育界的极大不满。为此，蔡元培建议，政府应该指定固定的教育经费，不能擅作他用，同时，建立独立的教育会计制度等。

（四）教育行政、学术内容应当独立。蔡元培曾因不满袁世凯的独裁统治，辞去教育总长职务。任北京大学校长时，又饱尝教育受政府严格控制而不能自主之苦。因此，他对政府过度干预教育的行为深感不满，遂提出教育行政独立主张；同时提出教育学术内容独立的主张，认为教育内容应保持独立性，不受政府干涉；教育方针保持稳定，不受政治干扰。

（五）教育应脱离政党和宗教而独立。蔡元培认为，“教育是个性和群性平均发达的”，“教育是求远效的”，成效非一时可达；而政党则是要制造一种特别的群性，抹杀个性，政党的政策往往是求近功的，由于政权在各党派之间更迭，由政党掌管教育，必然会影响教育方针政策的稳定，教育就没有成效了。所以，他主张“教育事业不可不超然于各派政党以外”，要脱离政党的控制。蔡元培又指出：教育是进步的、“共同的”，教会是保守的、“排异的”，一国的学生可以学习和利用别国的学术成果，没有什么界限。教会则派别很多，“彼此谁真谁伪，永远没有定论”，所以各国宪法中，都有信仰自由一条。若由教会掌握教育权难以保证信仰自由，所以教育事业应超然于教派之外。

如何实施其教育独立的主张，蔡元培拟出了一个具体方案：全国分为若干大学区，每区立一所大学；凡中等以上各种专门学术，都可以设在大学里面。一区以内的中小学教育，与学校以外的社会教育及其他成年教育、盲哑教育等都由大学办理。大学的事务，都由大学教授所组成的教育委员会主持。大学校长，也由委员会举出。各大学区互相关系的事务，由各大学校长组织高等教育会议办理。教育部专门办理高等教育会议所议决的有关中央政府的事务，以及其他全国教育统计与报告等事，不得干涉各大学区事务。教育总长必须经高等教育会议承认，不受政党内阁更迭的影响。大学不设神学科，只于哲学科中设宗教史、比较宗教学等，作纯学术的研究。各学校中，均不得有宣传教义的课程，不得举行祈祷式。以传教为业的人，不得参与教育事业。各区教育经费，都从本区中抽税充用。较为贫困的地区，经高等教育会议决后，得由中央政府补助。

蔡元培的教育独立思想是特定历史条件下的产物，有一定的历史局限性，有的内容缺乏科学依据；但他的教育独立思想对现代高等教育发展改革有很大的启迪作用和现实意义。教育不能完全独立，它受社会、经济、政治、文化、科技等因素的影响，与人类社会的发展息息相关。但教育有相对独立性，所谓教育的独立性是指教育具有自身的规律，对政治经济制度和生产力具有能动作用。对教育的相对独立性要有全面深刻认识，同时也要对教育的相对独立性给予足够重视和尊重，按教育规律办事，这是办好教育的前提和基础。

蔡元培关于教育独立的主张发表后，引起教育界人士的广泛共鸣。因为自北洋军阀统治之始，全国的政局一直动荡不安，军阀政府将国家大部分经费用于军费开支，教育经费只占国家预算的很少一部分，就预算内的经费，也常被侵占，以致许多学校“建筑无费，购书无费，置备仪器及一切校务行政无费”，教育事业备受摧残，濒临绝境。在这种情况下，教育界人士群起谋教育之独立，并形成了一种运动。蔡元培在这个时候提出教育独立主张，正好给这一运动以思想理论武器，因此得到广泛的支持。蔡元培关于教育独立的思想，尽管从教育与政治、经济相互依承、互相作用的关系上看，存在着片面性，但他是针对当时历史的特殊情况提出的，他要教育事业应由教育家来领导主持，教育的发展要遵循它自身发展的逻辑和规律，教育经费应有切实可靠的保障，这都是有益于教育事业发展的合理主张。

就任中华民国大学院院长，推行“学术化”代“官僚化”

1927年4月27日，蔡元培被任命为南京国民政府教育行政委员会委员，他随即仿效法国教育行政制度，与李石曾等人提议组织中华民国大学院为最高学术教育行政机关。6月13日，国民党中央执行委员会第105次政治会议通过了他们的提案，6月17日国民政府任命蔡元培为全国最高学术教育行政机关——中华民国大学院院长。蔡元培在大学院院长位置上历时一年多，至1928年8月17日辞职。在任职一年多的时间里，蔡元培以一个教育家的智慧和胆略，在全国范围内组织和领导了一系列重大的教育行政制度改革，为中国现代教育事业的发展作出了新的贡献。

任大学院院长时的蔡元培。

改“教育部”为“大学院”

蔡元培就任大学院院长后，推行“以学术化代官僚化”的教育行政制度改革，改“教育部”为“大学院”，创新地方教育行政制度，积极试行大学区制。1927年6月13日，由蔡元培领衔，蔡元培、李石曾、褚民谊三位常务委员向国民党中央政治会议第105次会议提交《关于设立中华民国大学院的提案》，并附《中华民国大学院组织法草案》。蔡元培在《提案》中指出：近来的教育部已是官僚化，有必要进行改革。“欲改官僚化为学术，莫若改教育部为大学院”。

《大学院组织法》（草案）

第一条　中华民国大学院，为全国最高学术教育机关，承国民政府之命，管理全国学术及教育行政事宜。

第二条　本院设院长一人，综理全院事务，并为国民政府委员。

第三条　本院设大学委员会，议决全国学术上教育上一切重要问题。

第四条　大学委员会，由各学区中山大学校长、本院教育行政处主任及本院院长所选聘之国内专门学者五人至七人组织之，以院长为委员长。

第五条　本院设秘书处，置秘书长一人，秘书若干人，承院长之命，办理本院事务。秘书长兼任大学委员会秘书。

第六条　本院设教育行政处，置主任一人，处员若干人，承院长之命，处理各大学区互相关联及不属于各大学区之教育行政事宜。

第七条　本院设中央研究院，其组织条例另定之。

第八条　本院设劳动大学、图书馆、博物馆、美术馆、观象台等国立学术机关，其组织条例另定之。

第九条　本院于必要时，得设学术上及教育行政上各项专门委员会，其组织条例临时订定之。

第十条　本院办事及议事细则另定之。

第十一条　本法自国民政府公布之日施行。

国民党中央政治会议当即通过决议：任命蔡元培为大学院院长。其组织条例交法制委员会修订。6月27日，国民党中央政治会议第109次会议据中央法制委员会函送大学院组织法草案，咨送国府。7月4日，国民政府公布《大学院组织法》。10月，大学院正式在南京成立，蔡元培被推为大学院院长。《组织法》就大学院的性质、组织、机构、职能等作了具体的规定。

1928年1月创办《大学院公报》，蔡元培在发刊词中进一步阐述了教育部改为大学院的理由：“民国经元以前，管理学术及教育之机关曰学部，民国元年，改为教育部。依教育一辞之广义，亦可包学术也。顾十余年来，教育部处于北京腐败空气之中，受其他各部之熏染；长部者又时有不知学术教育为何物，而专鹜营私植党之人；声应气求，积渐腐化；遂使教育部名词与腐败官僚亦为密切之联想。此国民政府舍教育部之名，而以大学院之名管理学术及教育机关也。”

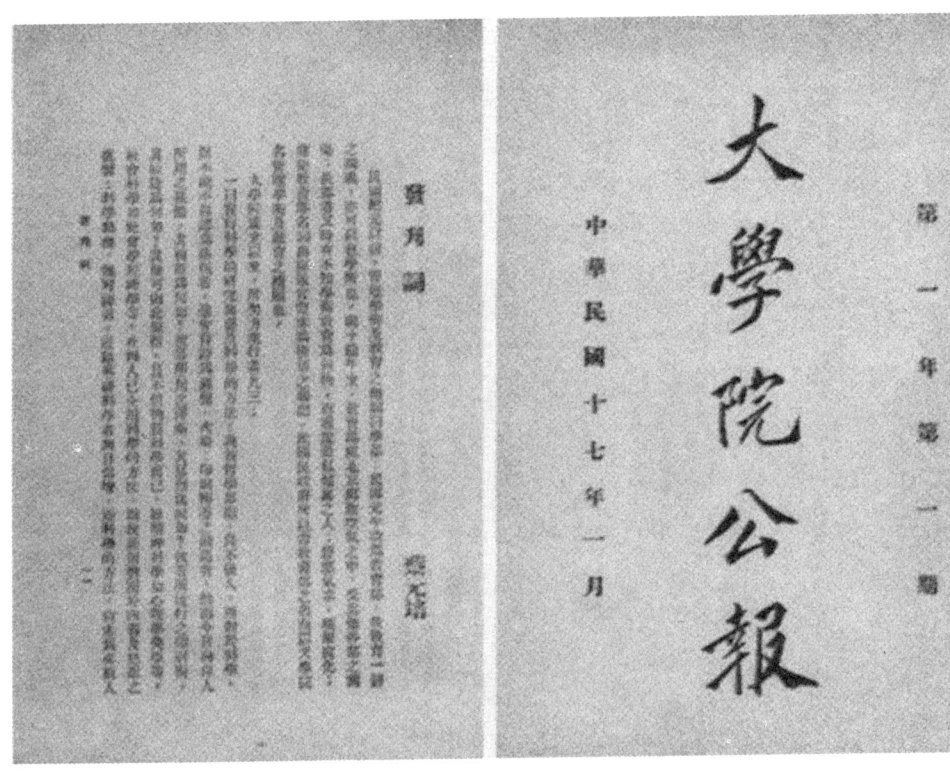

發刊詞

蔡元培

大學院公報

第一年第一期

中華民國十七年一月

《大学院公报》第一年第一期。

可见，蔡元培创设大学院的目的是针对过去北洋军阀统治下，教育部成了腐败的官僚机构，教育备受摧残的状况，想在借鉴国外经验的基础上采用大学院制的教育行政组织形式来增强教育的独立性，使教育学术化。

本着精兵简政、增加效率的原则，大学院之内的具体组织机构只设秘书处和教育行政处，并根据实际需要，随时设立学术基金委员会等学术与教育专门委员会。根据1927年7月国民政府颁布的《中华民国大学院组织法》，大学院为全国最高学术教育机关，承国民政府之命，管理全国学术及教育行政事务。大学院设院长一人，总理全院事务，并为国民政府委员。大学院设大学委员会，由各学区中山大学校长、大学院教育行政处主任以及由大学院院长聘请的国内专门学者五至七人组成，议决全国学术和教育方面的一切重要问题。大学院下设秘书处、教育行政处作为办事机构，前者负责处理日常事务，后者负责教育行政事务。

此外，大学院还设立了中央研究院、劳动大学、音乐院、艺术院、图书馆、博物院、美术馆、观象台等学术机关。

1934年11月23日参加上海美术专科学校新校舍奠基典礼，基石左立者为蔡元培。

与原来的“教育部”相比，蔡元培在《关于大学院组织之谈话》中阐明了“大学院”的三个特点：一是学术与教育并重，以大学院为全国最高学术、教育机关；二是院长制与委员制并用，院长负行政全责，大学委员会负议事及计划之责；三是计划与实施并进，设中央研究院，实行科学研究；设劳动大学，提倡劳动教育；设音乐院，实行美化教育。

大学院的设置，也是蔡元培1922年提出的教育独立主张和实施方案的具体实践。大学院成立之后，在蔡元培的主持下做了一些有益于社会和教育发展的工作：1928年2月通令全国废止尊孔旧典；召集全国教育会议；提出倡导科学教育、养成劳动习惯、提起艺术兴趣的三点教育方针；制订并公布了中学、小学、华侨小学的暂行条例以及私立大学及专门学校立案等条例；在上海创设国立劳动大学、国立音乐院，在杭州创设国立西湖艺术院；另还通令提倡语体文，要求小学一律用语体文教学，初中入学考试不考文言文，等等。这些都反映了蔡元培在文化教育改革方面的进取精神。

参考法国经验，试行大学区制

试行大学区制是蔡元培倡设大学院同时推进的一项教育行政制度改革。早在1922年蔡元培曾在《教育独立议》中提出，要在全国实行大学区制，但无从实行。1927年6月7日，国民党中央政治会议第102次会议通过了蔡元培提请的变更教育行政制度，以大学区为教育行政之单元，并附《大学区组织条例》。他认为：“鉴于吾国近年来大学教育之纷乱，与一般教育之不振，其原因固属多端，而行政制度之不良，实有以助成之。教员勤于诲人者已不多得，遑论继续研究。欠薪累累，膏火不继，图书缺略，设备不周，欲矫此弊自宜注重研究之一端。凡大学，应确立研究院之制，一切庶政之问题，皆可交议，以维持学问之精神，此制度之宜改良者一也。一般教育行政机关，薄书而外，几无他事。其所用以为判断之标准者，法令成例而已，不问学术根据之如何，于是而与学术最相关之教育事业亦且与学术相分离，岂不可惜！自宜仿法国制度，以大学区为教育行政之单元。区内教育行政事项，由大学校长处理之，遇有难题，得由各学院相助以解决之，庶几设施教育得有学术之根据，此制度之宜改良者又一也。”

《大学区组织条例》

一、全国依现有之省份及特别区，定为若干大学区，以所在省或特别区之名名之，如浙江大学、江苏大学等。每大学区设校长一人，总理区内一切学术与教育行政事项。

二、大学区设评议会，为本区立法机关。

三、大学区设秘书处，辅助校长，办理本区行政上一切事物。

四、大学区设研究院，为本大学研究专门学术之最高机关。院内设设计部，凡省政府关于一切建设问题，随时可以提交研究。

五、大学区设高等教育部，设部长一人，管理本部各学院及其他大学，及专门学校，及留学事项。

六、大学区设普通教育部，设部长一人，管理区内公立中、小学校，及监督私立中、小学教育事业。

七、大学区设扩充教育部，设部长一人，管理区内劳农学院及关于社会教育之一切事项。

八、大学区评议会、秘书处、研究院、高等教育部、普通教育部、扩充教育部之组织与职权，别定之。

九、本条例经国民政府核准后，暂在浙江、江苏等省试行之。

大学区制与一般的行政区域不同。在大学区内，大学校长兼管全区的教育行政，加强了大中小学的联系，便于整合统一教育计划；大学区内设研究院，使教育行政与研究可以联合进行；设地方评议机关，保证了政策相对的独立性。可见，蔡元培欲在全国实行大学区制是基于设大学院使教育行政机关学术化，避免受政潮干扰的同一理由。这一制度明显引自法国。法国资产阶级革命之后，于拿破仑时代在地方教育行政上建立了大学区制，到现在依旧沿用。它将全国划分为二十多个大学区，每个大学区包括若干省，各大学区里都有一个大学校。大学校长即是大学区的行政首长，代表中央教育行政机构负责所辖区内教育行政事务。大学校长由总统任命，他必须具有博士学位，曾经担任过大学校长或教授。这种教育行政制度优于省市教育厅局之制的地方在于大学区内有多数学者、专家、教授，是用懂学术、懂教育的人来领导教育。

大学区制的组织系统如下：

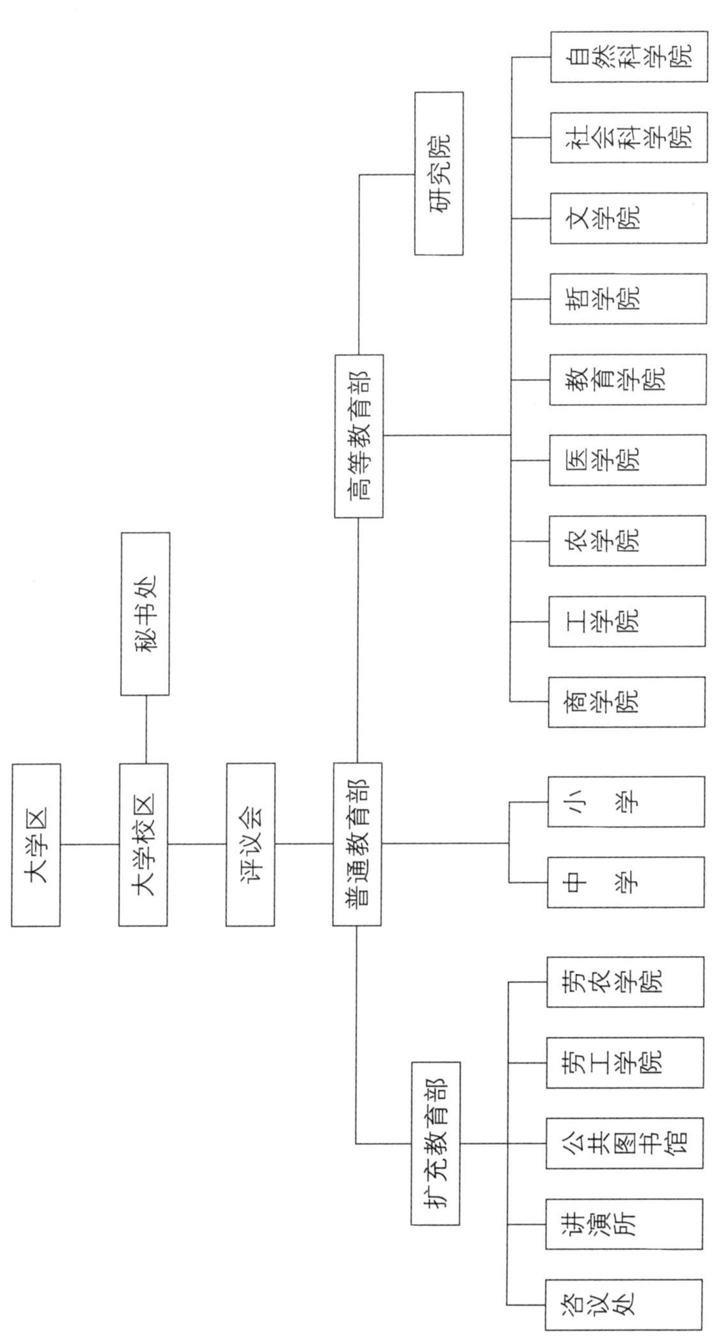
大学区
大学校区
秘书处
评议会
普通教育部
高等教育部
研究院
自然科学院
社会科学院
文学院
哲学院
教育学院
医学院
农学院
工学院
商学院
小学
中学
扩充教育部
劳农学院
劳工学院
公共图书馆
讲演所
咨议处

蔡元培要求全国教育行政采用大学区制的主张，经过国民党中央政治会议通过，决定先在浙江、江苏两省试办。这样，蔡元培在大学院院长任内对中央及地方教育行政都进行了改革。实行大学院制后，以大学院取代了教育部；实行大学区制之后，则省区取消教育厅，以国立大学为教育行政机关。这是我国教育行政制度发展史上的一次大变革，是欧洲教育行政制度在我国的第一次重要试验。

蔡元培原来以为实行大学区制后，“教育行政与学术打成一片”，教育行政可以学术化，行政可以独立，事权可以统一。但大学区制试行不过一年，不仅未能使教育行政机关学术化，而且反使学术机关官僚化，从而非难之声四起。1928年6月，中央大学区中学学校教职员联合会即发表宣言，指出大学区制试行结果弊多利少，“大学区制以事权统一之名，而得多所牵掣之实；大学区制以通盘筹划之名，而得偏枯专荣之实；大学区制以精神集中之名，而得卷入政潮之实”。同时，一些人根据学术与教育是两件事，大学非教育，教育行政机关不是专管学术等理由，提议废止大学院制和取消大学区制。到1928年8月14日国民党二届五中全会组建政府部门时，于行政院下重设教育部，从而取消了大学院制。到1929年6月国民党三届二中全会第四次会议议决由教育部定期停止试行大学区制。大学区制遂在施行两年之后完全取消。

蔡元培改革教育行政制度的失败表明：在中国还充满着封建官僚习气的时候，在国民党新军阀官僚政治统治下，是不可能建立超然于政府、政党之外而保持独立地位的教育行政体制的。但蔡元培借鉴法国教育经验，勇于改革“官僚化”的教育行政制度，探索建立一种学术化、民主化和高效化的教育行政管理制度，彰显了一代教育家的改革创新精神。

蔡元培所倡行的大学院和大学区制作为对旧的教育行政制度的一种改革尝试，贯彻了教育机构学术化的精神，期待教育管理机构拥有相对独立的立法权和决策权，目的是要使教育独立化，不受政党与宗教的把持。这是对近代官僚体制的冲击。蔡元培的教育行政体制改革虽然失败，但它给人以深刻的启示：它所提倡的“行政学术化”、“学术研究化”的意图，即使在今天看来，仍有积极意义和借鉴价值。

拟订新的教育宗旨

国民党南京政府成立后，中国教育又面临着一个新的发展机遇期，有许多重大问题需要解决。为了集中全国教育界的意见，推进中国教育的统一与发展，1928年5月15日至28日，时任大学院院长的蔡元培在南京精心组织召开了南京国民政府成立后的第一次全国性的教育会议(历史上被称为第一次全国教育会议)。有来自各部、各省区、各特别市的代表以及特邀教育专家80余人参会。会议共收到各种议案400余件，最后经过筛选、合并有130件上会。内容涉及三民主义教育、教育行政、教育经费、高等教育、普通教育、职业教育、科学教育、体育、艺术教育、社会教育、出版物、私立学校等各领域。正如蔡元培在闭幕词中所言：“对于教育上的重要问题，几乎网罗无遗。”会议代表经过认真讨论，集思广益，使当时中国教育发展所面临的许多重要问题，“多得正当

蔡元培与出席全国教育会议的代表合影，前排左八为蔡元培。

之解决”。根据会议的议决案，大学院后来陆续发布了各种通令，对当时教育的发展起了引领和规范的作用。

由于政局发生了变化，原来由北京政府教育部于1912年9月公布的教育宗旨已经不合时宜。所以这次全国教育会议的一项重要议题是以“三民主义”为标准，研究制定新的教育宗旨。蔡元培在《开会词》中就“教育方针”提出了三点意见：第一，提倡科学教育，一方面从事科学上高深之研究，一方面推广民众的科学训练，俾科学方法得为国内一般社会所运用；第二，养成全国人民劳动的习惯，使劳心者出其力以分工农之劳，而劳力者亦可减少工作时间，而得研求学识机会，人人皆须致力于生产事业，人人皆得领略优美的文化；第三，提起全国人民对于艺术的兴趣，以养成高尚、纯洁、舍己为群之思想。简言之，使教育科学化、劳动化、艺术化。

1928年8月17日，大学院根据全国教育会议议决的结果，向国民党中央政治会议呈报了《中华民国教育宗旨》，具体内容如下：

恢复民族精神，发扬固有文化，提高国民道德，锻炼国民体格，普及科学知识，培养艺术兴趣，以实现民族主义。

灌输政治知识，养成运用四权之能力；阐明自由界限，养成服从法律之习惯；宣扬平等精义，增进服务社会之道德；训练组织能力，增进团体协作之精神；以实现民权主义。

养成劳动习惯，增设生产技能，推广科学之应用，提倡经济利益之调和，以实现民生主义。

提倡国际主义，涵养人类同情，期由民族自决，进于世界大同。

新的教育宗旨是依据“以三民主义建国，应以三民主义施教”的精神而制定的，包含了蔡元培自大学院成立以来一直大力提倡的教育科学化、劳动化和艺术化的思想。然而，这个宗旨被认为是对“三民主义教育之真谛，既无所阐明；而于教育与党关系，尤乏实际联络”，因此，它并没有被批准通过。1929年4月26日，由南京国民政府正式颁布的教育宗旨为：中华民国之教育，根据三民主义，以充实人民生活，扶植社会生存，发展国民生计，延续民族生命为目的；务期民族独立，民权普遍，民生发展，以促进世界大同。对于这一教育宗旨，对蔡元培素有研究的学者金林祥教授认为，就教育的指导思想而言，这个教育宗旨比较空泛，还不如蔡元培所主张的教育科学化、劳动化、艺术化的教育方针贴近教育实际。

创建国立音乐院和国立艺术院

积极开展艺术专门教育是蔡元培在大学院院长任上所作的又一重要贡献。1927年，蔡元培与著名音乐家萧友梅在上海创设了国立音乐院；1928年，他又提议在杭州创设国立艺术院。这也是他的美感教育和教育艺术化思想的具体实践。

早在1920年秋，蔡元培就聘音乐家萧友梅为北京大学音乐研究会导师。后来又在音乐研究会的基础上设立北京大学附设音乐传习所，蔡元培兼任所长，萧友梅任教务主任，实际主持该所工作。在1920年底，萧友梅曾向北京政府教育部提议设立一所独立的音乐专门学校，并得到了时任教育总长范源濂的赞同和支持，但因范不久辞职而使计划落空。1927年7月，萧友梅离开北平南下时，又提请蔡元培在大学院成立时，在上海创设一所音乐院。1927年10月大学院宣告成立后，蔡元培就着手筹备创设国立音乐院。1927年11月15日，国立音乐院在上海正式成立，蔡元培兼任院长，出席开院典礼，并以主席身份致词。萧友梅担任教务主任，主持实际工作。上海国立音乐院的创设，开启了我国通过独立设置高等音乐学校来实施高等音乐教育的新纪元。

萧友梅是中国现代音乐教育史上开基创业的一代宗师、现代专业音乐教育的开拓者与奠基者。

1929年8月，国立音乐院改名国立音乐专科学校，萧友梅任校长兼教务主任。蔡元培虽不再兼任院长，但1930年8月，他接受聘请，担任该校董事会主席，因而仍然参与学校重大事情的决策。在事关学校发展的一些重要问题和重要时刻，蔡元培总是热心相助。如1930年10月，他给热心音乐教育的叶恭绰写信，向他表示：自己虽因事冗，中途离校，而精神所注，仍复一致。目前，国立音乐专科学校因为经济困难，一切建筑、设备，均不能进行。因此，准备成立国立音乐专科学校基金委员会，负责为该校筹募基金，希望他能“鼎力囊助进行”。

1936年4月23日，蔡元培出席国立音乐专科学校为庆贺他七十岁华诞而举行的音乐演奏会。他在江湾新校区亲手种植音专赠送给他的一棵大松树，以作永久纪念。正因为蔡元培与国立音乐院及后来的国立音乐专科学校有如此的不解之缘，蔡元培也被奉为该校的“创办人”。

1927年11月27日，也就是在国立音乐院举行开院典礼的同一天，专门负责“计划全国艺术教育，及有关艺术之公共建设事宜”的大学院艺术教育委员会（大学院下设的9个专门委员会之一）在上海马斯南路98号召开第一次会议，讨论筹备国立艺术大学。12月27日，大学院艺术教育委员会在南京召开第二次会议，通过了蔡元培提交的《创办国立艺术大学之提案》，正式建议大学院在杭州西湖创办国立艺术大学。在提案中，蔡元培阐述了创办国立艺术大学的重要性。他指出：“美育为近代教育之骨干。美育之实施，直以艺术为教育，培养美的创造及鉴赏的知识，而普及于社会。是故东西各国，莫不有国立美术专门学校、音乐院、国立剧场等之设立，以养成高深艺术人才，以谋美育之实施与普及，此各国政府提倡美育之大概情形也。”而在当时我国只有一所国立艺术学校，即创设于1918年的北京艺术专门学校。这所学校经费困难，机构组织很不完善，几乎为官僚把持，军阀摧残，不成其为艺术学校。因此，他认为在长江流域设立一所国立艺术大学乃“教育当务之急”。

1936年4月，蔡元培在上海国立音乐专科学校手植松树前留影。

关于国立艺术大学的选址，蔡元培在提案中说：“美育之目的，在陶冶

蔡元培手书：国立艺术院校名条石。

活泼敏锐之性灵，养成高尚纯洁之人格，故为达到美育实施之艺术教育，除适当之课程外，尤应注意学校的环境，以引起学者清醇之兴趣、高尚之精神。故校舍应择风景都丽之区。……环顾国内各省形势……窃以为最适宜者，实莫过于西湖。”

关于国立艺术大学的系科设置，蔡元培在提案中提出两种设想：一是“五院制”，即设立国画院、西画院、图案院、雕塑院、建筑院；或是“四院制”，即国画院和西画院并为绘画院，再加上雕塑院、建筑院和工艺美术院。无论是五院制还是四院制，都反映了蔡元培中西兼容的艺术教育思想。

1928年3月20日前后，国立艺术院在杭州西湖哈同花园正式开学上课。著名美术家林风眠任院长兼西画教授，林文铮任教务长兼美术史教授。4月9日，国立艺术院举行开学典礼，蔡元培应邀参加，发表了题为《学校是为研究学术而设立》的演说。在演说中，蔡元培除了进一步阐述艺术院设立的重要意义以及选址在西湖的理由之外，特别强调：“艺术纯以创作为主，无现实上的一切因占有欲而起的束缚，艺术家不要名誉、财产，不迎合社会……学校为纯粹的学术机关，神圣之地……学生要安心上课，教职员诸先生一致创作，供之于社会，这是大学院所最希望的。”

蔡元培在大学院院长任上创办的国立音乐院和国立艺术院这两所艺术院校，穿越历史的时空，名称虽屡有变更，但薪火相传，办学一直没有中断。前者即是现在上海音乐学院的前身，后者即是现在中央美术学院的前身。这两所艺术院校及其后继者，为我国培养了数以万计的音乐和美术专门人才，为我国艺术教育事业作出了重大贡献。

创办国立劳动大学

在教育劳动化的指导思想下，经蔡元培发起和中央教育行政委员会提议，大学院在上海江湾创办国立劳动大学。1927年5月9日，国民党中央政治会议第90次会议批准了这个提议，并委派蔡元培、张静江、李石曾、褚民谊、金湘帆、许崇清、严慎予、匡互生等为筹备员。5月13日，国立劳动大学筹备委员会正式成立。随后，蔡元培多次出席该筹备委员会的会议，积极推进筹备工作。6月9日，通过《劳动大学劳工学院组织大纲》，并决定聘任沈仲九为劳工学院院长。8月20日，通过《国立劳动大学组织大纲》以及经费预算草案。大学院正式成立后，蔡元培将此视为一项重要的改革举措。如1927年11月12日，他在暨南大学所作的《中国新教育的趋势》演讲中提到：现在大学院创办劳动大学，分为劳工学院、劳农学院，收中学、小学的毕业生，入劳动大学读书，养成做工习惯。

1927年9月易培基任上海劳动大学校长。

关于创办劳动大学的意义，1930年6月16日，蔡元培在国立劳动大学所作的《劳动大学的意义及劳动大学的责任》的演说中，将之概括为两个字——“革命”。在他看来，自从中国学习外国教育制度以来，建立了甲种农业学校、工业专门学校以及大学的农科和工科等，但是进入这些学校读书的人，“专以书本为本，不做实际工作”。结果，农民子弟入学读了书，回到家里，竟看不起自己的父兄；

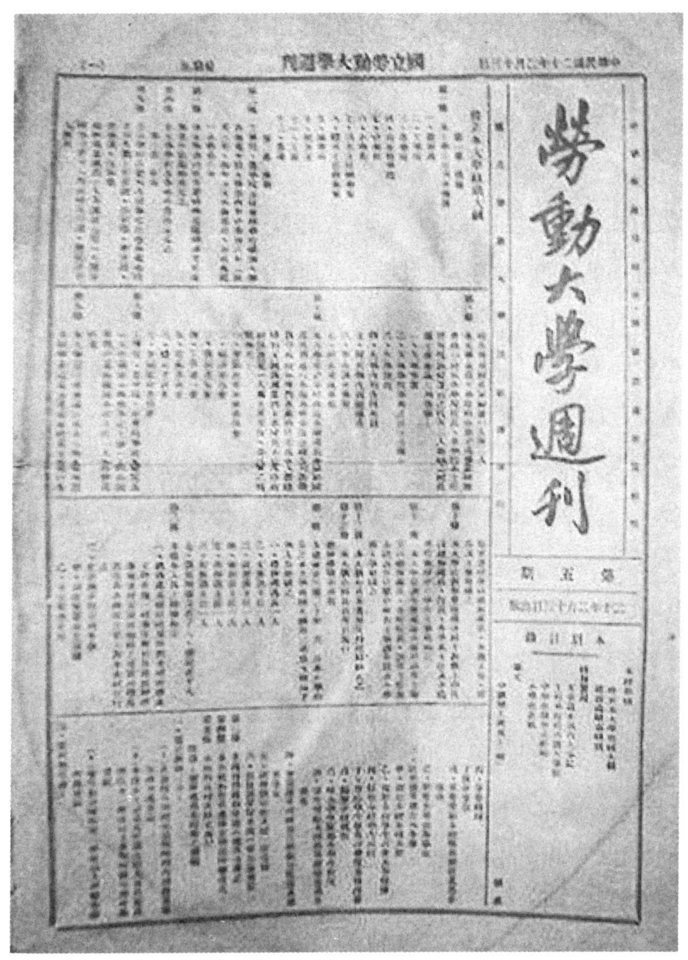

國立勞動大學週刊

勞動大學週刊

第五期

国立劳动大学周刊。

工人子弟读了书，毕业后去做管理工农的事，或做与工农毫无关系的事。创办劳动大学的目的就是要改变这种状况，使来这里读书的人明白，“他们的功课，专门注意于实际工作，课堂工作不过是辅助而已”。正是在这个意义上，他认为创办劳动大学“可以说是一个革命”。有鉴于此，他提出劳动大学学生的责任就是做实际工作，就是做工。

国立劳动大学的校长是易培基，学校设有劳工、劳农和社会科学三院，后来又附设中学、小学。它存在的时间不长，1927年10月开始招生，毁于1932年“一·二八”事变的炮火。然而，国立劳动大学是我国第一所劳动大学，也是南京国民政府成立后创建的最早的国立大学之一，在中国教育史上应该有其地位。同时，创办劳动大学的初衷以及强调学生做实际工作的思想，对于加强青少年学生的劳动教育，培养他们的劳动习惯，也具有重要启迪。

蔡元培曾对学生讲："劳动大学系以劳动为立脚点，以劳动为基础，不论何院、何科，都必须劳动。我们每天须自己检阅，今天有否劳动，并且在校如此，出校之后，也须自己检点，终身如此，方不负劳动大学及政府培植的苦心。希望诸位各自努力，各自检点，不要负了现在供给诸位的劳动群众才好。"蔡元培对劳动教育的重视，针对了教育脱离劳动的弊端。蔡元培创办劳动大学，弘扬劳动的意义与劳动教育的意义，正如他所言具有"革命性"的意义。

担任中央研究院院长，培育中国科学研究事业

蔡元培作为一位卓越的教育家，同时也为我国现代科学研究事业作出了奠基性的贡献。他是中华民国中央研究院的主要缔造者和领导人之一。自1928年4月至1940年3月，一直担任中央研究院院长，历时12年。尤其是1929年10月蔡元培辞去大学院院长本兼各职后，以全部时间和精力从事中央研究院的创建和领导工作。

筹建全国最高学术研究机构

设立中央研究院是由孙中山最早提出来的。早在1924年，孙中山从广东北上时曾倡设中央学术院，作为全国最高学术研究机关。1927年4月，南京国民政府成立后，聘派蔡元培等筹建中央研究院。蔡元培等用了一年多时间，广泛征集资料，论证建院方案，做了充分的组织准备和物质筹措工作。

1927年4月17日，国民党中央政治会议第74次会议在南京召开。李石曾提出设立中央研究院案，决议推李石曾、蔡元培、张人杰共同起草《中央研究院案组织法》。5月9日，国民党中央政治会议第90次会议议决设立中央研究院案筹备处，并推蔡元培、李石曾、张人杰、褚民谊、许崇清、金湘帆为筹备委员。7月4日，《中华民国大学院组织条例》公布，改列筹设中的中央研究院为中华民国大学院的附属机关之一。11月9日，

中央研究院首任院长蔡元培（1928年4月—1940年3月）。

《中央研究院组织法》公布，蔡元培以大学院院长的身份兼任中央研究院院长，并明确“中央研究院直隶于中华民国国民政府，为中华民国最高学术研究机关”，设立物理、化学、工程、地质、天文、气象、历史语言、国文学、考古学、心理学、教育、社会科学、动物、植物等14个研究所。11月20日，蔡元培聘请学术界人士30人在大学院召开中央研究院案筹备会及各专门委员会联合成立大会，讨论筹备会方案，议决先筹设理化实业研究所、地质调查所、社会科学研究所、观象台四个研究机构，并推定各所常务筹备委员，积极展开筹备工作。

1928年4月6日，国民政府第53次会议决定改中华民国大学院中央研究院为国立中央研究院，直属国民政府。4月10日，颁布《修正国立中央研究院组织条例》，规定国立中央研究院“为中华民国最高科学研究机关”。宗旨为“实行科学研究，并指导、联络、奖励全国研究事业，以谋科学之进步，人类之光明”。研究范围包括数学、天文学与气象学、物理学、化学、地质与地理学、生物科学、人类学与考古学、社会科学、工程学、农林学、医学等11组科学。条例还对组织、基金、名誉会员等作了规定。4月23日，特任蔡元培为首任院长。5月，启用印信。6月9日，第一次院务会议在上海东亚酒楼举行，国立中央研究院正式成立，孙中山的设想终于成为现实。

1929年6月，蔡元培在《国立中央研究院院务月报》发刊词中阐述：“国立中央研究院之设，在中国尚为创举。本院直隶国民政府，就名义言，为全国最高学术研究机关；就职责言，实兼学术之研究、发表、奖励诸务，综合先进国之中央研究院、国家学会及全国研究会议各种意义而成。使命重大，无烦多述。其组织分行政、研究、评议三部，而研究为其中坚。研究之目的，在于发宇宙之秘奥，成事物之创造，崭然有新的发现与发明。”

蔡元培（左二）、李石曾（左一）、吴稚晖（右二）、张静江(右一)合影。

特任狀

特任蔡元培為國立中央研究院院長此狀

蔡元培任中央研究院院长的委任状。

构建中国现代科学研究机构雏形

中央研究院的主要职责为实行科学研究，指导、联络、奖励全国学术研究。为此，中央研究院的机构在院长之下设立行政、研究和评议三大部分。行政机构为总办事处，负责处理中央研究院的日常事务。总办事处设总干事并执行全部行政工作，下设文书、会计两处，机构非常精练。蔡元培聘任的第一任总干事为杨杏佛。为综理院务需要，在南京设立中央研究院总办事处，初在成贤街57号法制局旧址内，1935年该址让给中央图书馆，另在鸡鸣山南麓新建大楼，年底落成。该处环境幽雅，草木葱茏，蔡元培曾在这里主持院政。故在1948年蔡元培逝世八年暨院庆二十周年之际，建立了蔡元培铜像，由遗夫人周峻揭幕，并安置在总办事处一楼壁龛。

蔡元培铜像。

中央研究院的评议机构即评议会，是全国最高学术评议机关。评议会成员由中央研究院院长和所属各研究所所长以及由院长和国立大学校长选举产生的学者组成，由国民政府聘任。这些评议员都是中国当时学术界的中坚人物

1930年7月1日与出席中央研究院第一届院务年会会员合影，前排右六为蔡元培。

和各学科的一流专家学者。

中央研究院设立初期，确立以规划研究结构布局并创建研究所实体为主要任务。中央研究院的研究机构包括各研究机构及其附属的实验所、实验馆和测候所等，它们是中央研究院的主体。1927年筹建观象台，又于1928年2月分立为天文研究所、气象研究所，设址于南京。1927年11月筹设地质调查所，又于1928年7月创设地质研究所于上海，1932年迁至南京成贤街。1927年冬筹设社会科学所，1928年5月正式成立，下设法制组、民族组、经济组、社会组，前两组在南京，后两组在上海。1927年11月筹备理化实业研究所，1928年7月分立为物理研究所、化学研究所、工程研究所，设址于上海。1928年3月在中山大学筹设历史语言研究所，10月22日迁入广州柏园正式成立，几经变迁，最后在南京落址。1928年11月决定设立心理研究所，1929年1月筹备，5月正式成立，设址于北平。1929年1月筹设自然历史博物馆于南京，后易名为动植物研究所，1930年1月成立于南京。

1935年中央研究院第一届评议会成立合影，右起第十人为蔡元培。

1948年中央研究院建院20年院庆合影。

中央研究院旧址。

在首任院长蔡元培任内，中央研究院陆续在南京、上海等地设立十个研究所。迄止30年代中期，中央研究院已粗具规模，十所一处渐次充实，开展了大量研究工作，并取得一批得到国际公认的科研成果。

蔡元培主持全国气象会议时与代表合影（前排左一为竺可桢、左五为蔡元培）。

倾力培育中国现代科技人才

蔡元培在中央研究院笃行兼容并蓄、唯才是举的方针，珍惜人才、培植人才、重用人才，深受人们推崇。他敢于挑选纯正有为的学者担任各研究所的所长，任用既有科学知识又有管理才能的人为总干事，延聘科技人才，推进科学研究工作。他积极倡

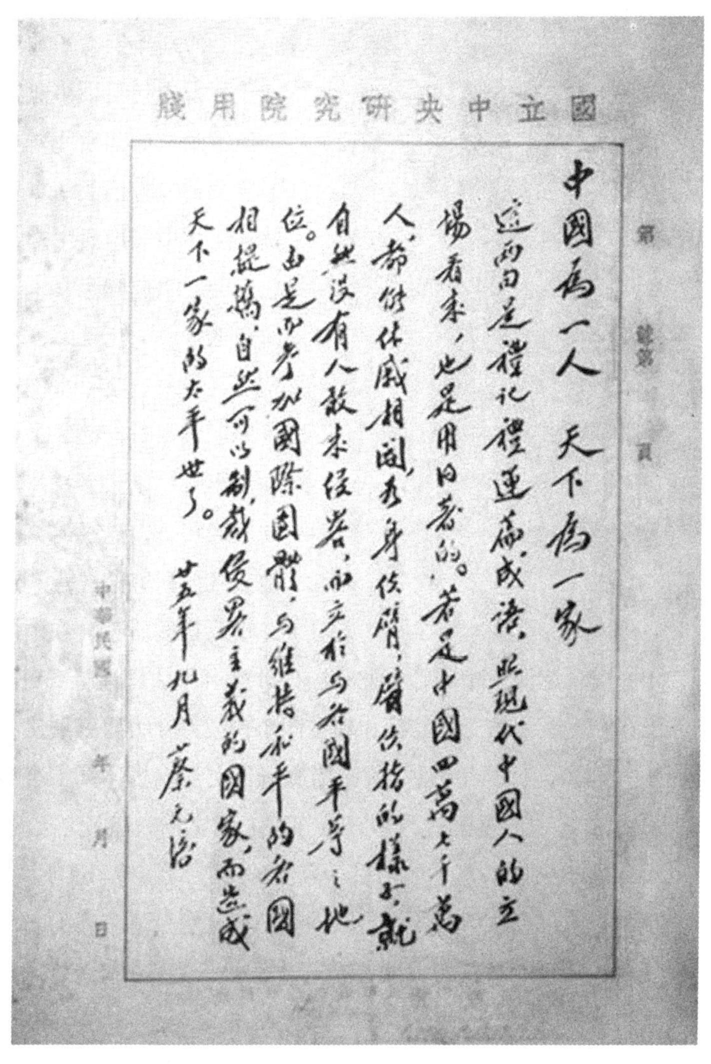
國立中央研究院用牋

中國為一人 天下為一家

這兩句是禮記禮運篇成語，照現代中國人的立場看來，也是用得着的。若是中國四萬七千萬人，都能休戚相關，如身使臂，臂使指的樣子，就自然沒有人敢來侵略，而立於與各國平等之地位。由是而參加國際團體，與維持和平的各國相提攜，自然可以制裁侵略主義的國家，而造成天下一家的太平世了。

廿五年九月 蔡元培

第 號第 頁

中華民國 年 月 日

蔡元培手迹：“中国为一人，天下为一家”。

蔡元培在中央研究院与总干事杨杏佛合影。

导独立思考和创造性试验的科学精神，鼓励各展所长，争当第一流的学者，并允许学者持“异端思想”和参与政治活动。在不长时期内，中央研究院云集了一批蜚声海内外的著名学者，如姜立夫、李四光、竺可桢、余青松、丁燮林、柳大纲、斯行健、赵金科、傅斯年、陶孟和等，他们都为推进我国现代科学事业的发展做出过杰出贡献。如地质所所长李四光，在地质学研究方面成绩卓著。1935年他就著了《中国地质学》，后在英国伦敦出版，引起国际学术界瞩目。气象所所长竺可桢于1932年撰写了《南京之气候》一文，将南京与国际同纬度地区作了对比研究，揭示了南京因季风影响，以致冬季特冷、夏季特热的气候特征。这一研究，开创了我国地方气候研究的先声。还有，他关于二十八宿的研究，在国内外学者中引起强烈震动。二十八宿说起源于中国，自此在国内外学者中认识渐趋一致。

在推进院务工作中，蔡元培充分信任和尊重同事，放手让大家开展工作，鼓励年轻有为的人脱颖而出。比如，1934年6月，蔡元培邀请丁文江继杨诠（字杏佛）任中央研究院总干事，并放手由其处理全院行政事宜，在丁去世之后，蔡元培给予高度评价，赞扬他是一位既精于科学又有办事才能的科学家。1939年3月，蔡元培主持中央研究院一届四次年会，议决设立“丁文江奖金”，每年授予对自然科学有新的贡献者。并设杨诠奖金，每年授予对人文科学有新的贡献者。同时规定，双奖获得者均限于40岁以下年龄，以此提携新秀，奖掖后学。

蔡元培在执掌中央研究院期间，正是中国历史上的多事之秋，受到诸多牵制和困

丁文江（1887—1936），地质学家、地质教育家，中国地质事业的奠基人之一。

扰。然而蔡元培因德望素孚，颇具风范，人心悦服，以其渊博的学识，不图虚名的求实精神，唯才是举，形成了独特的治院风格。曾任社会科学研究所社会组主任的陈翰笙回忆自己与蔡元培共事经历时说道："蔡先生是院长兼社会科学研究所所长，但所内的具体工作全部放手让我主持，从不干扰。重要事务由我去向他报告。他仔细地、认真地、虚心地听取报告，先征求我的处理意见，然后由他提出具体办法来同我商榷。"

在蔡元培的领导下，中央研究院"于短期内，得到若干引起世界学者注目的成绩"，推动了中国现代科学事业的发展。李济1966年在一篇谈话中，论及蔡元培创办中央研究院对中国学术的贡献时指出："元培先生一生提倡学术研究，他担任教育总长，担任北京大学校长，都有非常卓越的表现。在这些表现外，擘划创建中央研究院，更花了他无数的心血，一直到去世为止，他从未与中央研究院脱离过关系。因此，中央研究院同仁都感念这位伟大、崇高的学术大师，在他的惨淡经营下，中央研究院才能萌芽、茁壮，才能开出美丽的学术之花。"

潜心投入中国现代科技教育

蔡元培是推动我国近现代科学技术教育发展的卓越先驱，在我国近现代科学技术教育发展过程中，提出了一系列具有远见卓识的思想和主张。

蔡元培以其留学德法、几度考察西方发达国家的经历，洞察到在激剧变化、动荡的时代背后，国家、民族之间激烈竞争而能立于不败之地的重要根由在于科学技术的发达，所谓"欧化优点即在事事以科学为基础；生活的改良，社会的改造，甚而至于艺术的创作，无不随科学的进步而进步"，"建设事业万端，无一不赖于科学之应用"。蔡元培认为，科学技术知识不仅在国家、社会发展中起着举足轻重的作用，而且对于个人

1933年10月15日世界文化合作中国协会常务委员开会时留影，中坐者为蔡元培。

成长，尤其是智力的发展也有着重要的价值。通过科学技术知识的传授，科学方法的训练，就能极大地锻炼人的脑力，发展人的智力。而智力的提高又成为一个国家和民族在世界竞争中最具实力的“资本”。蔡元培认为，20世纪以来科学技术知识在社会发展中的作用表明，今后“文明国所恃以竞争者，非武力而在智力也”。蔡元培正是深刻地认识到了科学技术的重要作用，才在自己的教育生涯和政治生涯中不遗余力地去实施科技教育。

教育的科学化是保证科学技术教育顺利进行与发展的前提，蔡元培始终积极倡导教育的科学化。他认为，我国封建时代的教育是一种片面的教育、不科学的教育，无论是封建时代的教育，还是近代以来的“新教育”都是非科学的。由于教育本身的不科学，近代教育也就不能很好地担负起传授科学技术知识、训练受教育者的科学研究方法、提高受教育者的科学素质、推动科学技术发展的任务。早在1898年，蔡元培辞官离京南下主持绍兴府中西学堂，就聘请当时科学家杜亚泉、寿孝天讲授数学与理科课程，并设法购置物理、化学、动物、植物、矿物的仪器、标本及教学教具，使学生有从事科学实验的机会。随后，蔡元培在收集国内外有关参考资料的基础上，专门对学校课程进行了详细研究，并撰写出《学堂教科论》，要求把算学、博物学、物理学、化学等近代自然科学的基础学科作为普通学校课程的基本内容。1912年蔡元培出任中华民国第一任教育总长后不久，就着手对普通学校课程设置进行改革，要求在中小学课程中增加一些自然科学与工、农技艺的课程。1927年蔡元培在任大学院院长后，又特别提出科学化、劳动化、艺术化的教育方针，其中首要的就是科学化。他要求通过教育的力量实行科学的

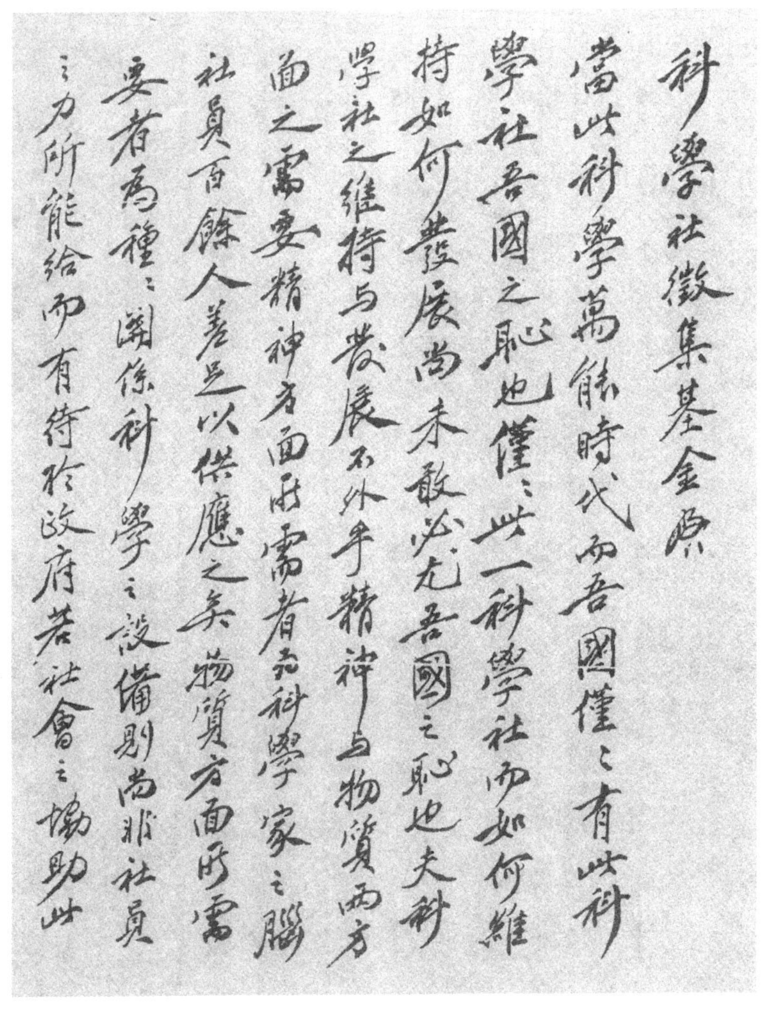
科學社徵集基金啟
當此科學萬能時代而吾國僅僅有此科學社吾國之恥也僅僅此一科學社而如何維持如何發展尚未敢必尤吾國之恥也夫科學社之維持與發展不外乎精神與物質兩方面之需要精神方面所需者爲科學家之腦社員百餘人差足以供應之矣物質方面所需要者爲種種關係科學之設備則尚非社員之力所能給而有待於政府若社會之協助此

蔡元培《科学社征集基金启》手迹。

研究与科学方法的普及，努力推动科学技术教育的社会化。1927年中央研究院成立，蔡元培在主持工作期间，联络全国各地的科研力量，积极鼓励科研协作，强调互相沟通，发挥群体优势，要求诸如中央研究院、中国科学社等招收研究生，培养科研人才。1930年8月他在《中国科学社第十五次年会开会词》中特把“养成科学人才”作为该社重要的任务和工作方法之一，指出：“待社务再进发展，更须多招研究生，训育中国科学人才。”

在我国近代科学技术教育的发展过程中，蔡元培作出了突出贡献，成为近代科学技术教育事业的重要开拓者。

清风亮节一生，大德照后人

蔡元培作为一位卓越的教育家、思想家、革命家、科学家，在世人心目中拥有崇高的地位。他令人敬仰之处，不仅仅在于他的智慧和才华，更是因为他的高尚人格和优秀德行。后人敬仰的不仅是他对革命、教育、科学事业的卓越贡献，更是他的人格风范和高尚品德。

严谨治学，求真求实

蔡元培一生以学人自期。1923年，他在《关于不合作宣言》中称："我是一个比较的还可以研究学问的人，我的兴趣也完全在这一方面。"蔡元培在绍兴徐氏家"铸学楼"做校点时，就因该处藏书丰富，更发愤好学，广泛浏览藏书，学识大有长进。他常以孔子的"发愤忘食，乐以忘忧，不知老之将至"，"学不厌，教不倦"自比，并将这两句格言写在他的书斋墙壁上，并一生践行，也正如他的学生们所说"蔡先生一生好学，一生教人"。他一生勤奋好学，从未懈息。他自己也曾说："自十岁起……读到现在，将满六十年了，中间除大病或其他特别原因外，几乎没有一日不读点书的。"蔡元培这种学而不厌的求学精神值得今人敬仰和学习。

蔡元培求真求实的治学品格还明显反映在他的书评态度上。蔡元培主张"学术自

蔡元培手迹：求实。

由，兼容并包”。在中国书评史上，蔡元培的书评占有一定的地位。他的不少书评名作产生过重要的学术影响和社会影响。但他的书评都是据实而发，有感而作，体现了他的大师风范和人格魅力。比如，1902年蔡元培为麦鼎华译自日文的《中等伦理学》教科书作序文，序中评论说：中国伦理学多“无条理、无系统”，“‘四书’‘五经’种种参考书，扰我学子之思想”，“甚不适于教科之用”。在晚清科举制度尚未废除之时，作为翰林出身的蔡元培大胆而又实事求是地提出了这种“离经叛道”的言论。这对清政府不啻于一颗重磅炸弹，也在学界产生了发聋振聩的影响。

他的书评为什么能有如此大的影响呢？我们认为，不仅是因为他的学术地位和社会地位，更是因为他为学中的高尚、务实的道德风范。毛泽东曾评价蔡元培是学界泰斗、人世楷模。从某种意义上说，正是蔡元培求实求真的人品、学品成就了他在书评事业中的地位。

身为通才的蔡元培，不少学者慕名请他写书评，但他并非来者不拒，或草率应付。他有三种情况不写书评：一是对不很熟悉的学科不写，怕误人子弟。1923年留学法国的北大学生汪奠基，翻译了《新几何》、《几何原理》两书，拟合印出版。他请蔡元培作序，蔡元培以“未曾研究此学，岂敢妄谈”而婉辞。二是对内容有明显缺陷的书不写书评，坚持学术求真。凡蔡元培允诺作序的书，他都要非常认真地阅读，实事求是。1901年5月13日，《古今四大家策论》编辑者为使书更有销路，于是向蔡元培索序。蔡元培不但不肯写序，反而劝其不要出版这种东拼西凑、坑害学子的书。三是对未认真研读过的书不写书评，决不草率应付。蔡元培会试时座师王颂蔚之子王季同与蔡元培交往时间长达四十余年，第一次请蔡元培写序，蔡元培研读后过了近两年才动笔作序。在蔡元培看来，“未曾阅读”、“未能全读”其书，就草率写书评，是一种既轻视自己又轻视作者劳动成果的不负责的行为。在他的日记和书信中以无暇阅读书稿而拒写或转请专业人员写书评的记载，至少还有几十处。学术文章与道德文章兼修，从蔡元培为人写书评即可窥一斑。

民国邮票：蔡元培。

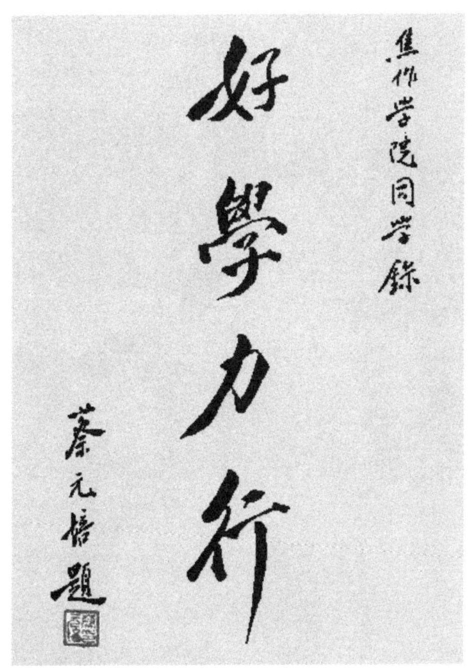

蔡元培给焦作学院题：好学力行。

宽厚待人，至真至诚

蔡元培一贯与人为善，平易近人，从不以势欺众。在他眼里没有不可教诲的学生，没有不可团结的同事。熟悉蔡元培的人曾以八字描绘他：“有所不为，无所不容”。有所不为者，指他律己以严；无所不容，指他教人以德。正如他的学生黄炎培曾经在《敬悼吾师蔡孑民先生》一文中所说，“有所不为，其正也；无所不容，其大也”。蔡元培这种“与物大和，不立崖岸”的精神铸成了他独特的品格。

蔡元培第二次到德国后住在柏林，几个北大同学自告奋勇地去照料他，常在一起。一天，另一个同学给蔡元培发来一份电报，说要从莱比锡来看蔡元培。此人是出了名的荒谬，经常一面痛骂，一面伸手要钱。而这时蔡元培正穷得不得了，所以大家劝他去电报拒绝这个学生，以免惹麻烦。他听完大家意见后，觉得拒人于千里之外也未能改变这位学生的德性。他沉默了一会儿后，引用《论语》上的几句话：“人洁己以进与其洁

1933年，蔡元培（右一）与鲁迅、英国作家萧伯纳摄于上海孙中山故居。

也，不保其往也。与其进也，不与其退也，唯何甚。”可见，蔡元培在接人待物方面，即使有传言说这个人阴险，他也是假定这个人很善良，除非跟这个人接触后，真的像别人所说的那样。这真所谓的“君子可欺与其方，难罔以非其道”。

蔡元培与人交往谦让和蔼，温良恭俭，从未有过疾言厉色的时候。他待人接物始终坚持两个原则，一是尊重他人的人格，决不愿意自己的言行使他人感到一点不快或不便；二是承认他人的理性，以为天下事无不可以和平的方法互相了解或处理。所以，在蔡元培看来，威胁、强迫或忿恨、仇怒都是无用的。他尊重别人，真是谨小慎微，有时甚至到了不可想象的地步。他曾经住在南京成贤街中央研究院办事处，他的房间的外间为另一人所住，而蔡元培的房间必须经过外间，方能通行到外面。他有一天起身较早，而某君在外间犹酣眠不醒，蔡元培怕惊动了他，竟一声不响地在自己屋里看书，一直等到某君起身才唤人侍候盥洗。

蔡元培一生给人写挽联、书联、家谱、像赞、小传无数，多是褒扬性质的。这也看得出他待人真诚与宽厚的品格。比如，1925年3月12日孙中山逝世，蔡元培写的挽联：

是中国自由神，三民五权，推翻历史数千年专制之局；
愿吾侪后死者，齐心协力，完成先生一二件未竟之功。

蔡元培与章太炎、梁启超均有政见上的不同，但并非一介狭隘书生。1929年2月17日挽梁启超：

保障共和，应与松坡同不朽；
宣传欧化，宁辞五就比阿衡。

1936年7月18日挽章太炎：

后太冲炎武，且二百余年，驱鞑复华，窃比遗老。
与曲园仲容，兼师友风义，甄微广学，自成一家。

1931年11月19日徐志摩因飞机失事在济南逝世。12月20日蔡元培写两幅挽联高度评价了徐志摩：

（一）

言语是诗，举动是诗，毕生行径均是诗，诗的意味渗透了，到处都有乐地；
乘车可死，坐船可死，静卧室中也可死，死于飞机偶然耳，不必视为畏途。

（二）

活得风流，死得火速，不愧文学家态度；
逝者目瞑，存者魂销，仍是历史上白科。

不论是什么身份的人，同事、亲戚、朋友还是一般熟人，甚至是素不相识的人，蔡元培都一视同仁，而且对越是弱势的人越是体贴入微，凡有所求，都乐于成人之美。他为别人办事总是设身处地，急人所急，想得非常周到。下面就是他为别人推荐工作而写的众多书信中的一例：

梦燕、文渊两弟如晤：送去介绍信两封，请回绍后，分别转交，静候消息。现在到处人浮于事，不能速成也。王子余先生为中国银行行长，可往行拜望。姚慧尘先生为酒捐局长，其住址亦易探明，兄苦太忙，恐不能到旅馆来看望两弟，请谅之。专此，并祝旅祉。

宝帆叔父、叔母前，请代叱名请安。

兄元培启

中华民国十七年四月十九日

正由于蔡元培的待人真诚，普结良缘，所以不论政见如何，凡与他交往的人，绝大多数都是为他的真心实意所感动，在私交上把他当作知己，尊为长者。如许寿裳在生前曾感慨地说："回顾过去有鲁迅、蔡元培这样的知己，真是值得自豪的了，一生总算没有白过！"

光明磊落，甘为人梯

蔡元培一生以国事为重，不以私利为重，视高官厚禄如西风浮云。他虽然在青年时期曾为功名利禄苦心经营，但自离开翰林院南下以后，一直在为中华民族的崛起而奋斗，不再以个人名利为鹄的。蔡元培虽然是清末名进士，官至翰林院编修；民初南京临时政府阁员，首任教育总长；后又官至监察院长，国民政府中枢要员，但他做官从政，总是清风亮节，出污泥而不染，总是保持书生本色。他在读书时代是一介寒儒，出国留学是半工半读的穷书生，在法国游学时只穿工人的衣服。蔡元培以堂堂的前任教育总长，出国却连一点经费都没有。他虽曾担任民国政府监察院长，客人到他家里去，只看见客堂里沿墙放着四张靠椅子，当中放着一张方桌，四个方凳，没有别的陈设。他晚年在南京、在上海定居下来，仍没有自己的房子，住在租赁的房子里，先后多次搬家。蔡元培为党国服务数十年，死后仍无一间房屋，无一寸土地。他逝世后衣衾棺木的费用，还是王云五代筹的。

蔡元培一生中无论担任何等官职，总是不遗余力地卫护扶植有为青年，起用新人，

1929年6月蔡元培就南京国民党当局无理删除其辞呈内容事复张元济的函。

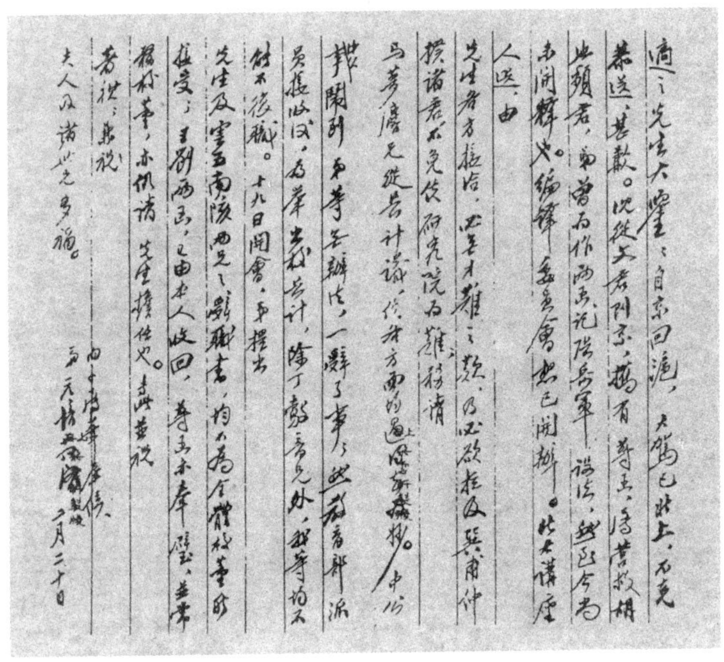

蔡元培致胡适函手迹。

这也足以看出他作为老一辈教育家的优秀品格和远见卓识。蔡元培担任北大校长时，曾为青年学者胡适的《中国哲学史大纲》写书评。他认真细读该书后，把它放到同类著述中进行比较研究，着力阐发了该书的四大特点：第一，用证明的方法；第二，以扼要的手段；第三，采平等的眼光；第四，作系统的研究。蔡元培的这一评论被学术界视为公允的权威定评。此书由商务印书馆1919年初正式出版后，立即风行海内，三年之内，再版七次，其销路之广，影响之大，大大出乎作者和出版商的预料。胡适在中国学术界的地位由此确立。当时，蔡元培以国学宿儒、学界领袖的身份，不遗余力地在序言中奖掖还没有名气的青年学者胡适，使其在学界产生了巨大的影响。蔡元培这种慧眼识英才、积极提携后学的优秀学品从中可见一斑。

蔡元培热心资助徐悲鸿也是一段佳话。一次偶然的机会，徐悲鸿在火车上见到蔡元培，十分敬重，随即拿出纸笔，勾了一幅蔡元培的肖像缩写。蔡看了自己的肖像，非常赞赏。蔡元培发现了徐悲鸿的艺术才华，当即表示聘请他为北大画法研究会的导师，当时的徐悲鸿才22岁。后来，名流罗瘿公曾向教育部长傅增湘推荐徐悲鸿去法留学，但未

1919年1月26日与鲁迅（二排左五）等参加京师图书馆开馆仪式合影留念，前排左五为蔡元培。

能实现。蔡元培得知后，立即恳切向傅增湘陈说，帮助徐悲鸿得以赴法留学深造。蔡元培还介绍他去见爱国华侨商人陈嘉庚，得到陈嘉庚二千五百元的资助。这样，徐悲鸿才得以在法国学习深造。

蔡元培比鲁迅大14岁，他们应该是前辈与晚辈的关系，但他们情意深厚。他们一个是近代中国知识界的先驱，一个是中国文化革命的主将。他们两人在三十年的交往中，互相学习，互相支持，互相砥砺，同为推翻清朝封建专制制度而奋斗，为创造中国近代新文化、新教育而献身。鲁迅一直对蔡以前辈相尊敬。蔡元培也对鲁迅十分器重，关心爱护。特别是鲁迅在“文化围剿”时期处境艰难的日子，蔡元培不畏风险，与鲁迅保持密切的联系，一道为正义而斗争。他们之间交织着器重与尊重的深厚感情。正如郭沫若所说的：“影响到鲁迅生活颇深的人，应该推数蔡元培吧！这位精神博大的自由主义者，对于中国的文化教育界的贡献十分宏大，而他对于鲁迅先生始终是刮目相看的。鲁迅的进教育部乃至进入北京教育界，都是蔡元培先生援引，一直到鲁迅的病殁，蔡先生是尽了他没世不渝的友谊的。”

人品如兰，晚节芬芳

1937年底，上海沦陷，蔡元培已是69岁的老人了。他不愿去国民政府陪都重庆，原想到云南，但体力不济，只得迁居香港。11月27日，由丁西林、周仁陪同到香港，次月29日周夫人率子女睟盎、怀新、英多也到达香港。暂时安家在九龙。

尽管身处海外，蔡元培仍然眷眷于祖国的安危，毅然投入民族抗日战争的伟大洪流，直到生命终止。早在1936年9月22日毛泽东同志亲笔写信给蔡元培，对他同情支持抗日作了高度评价，并提出了诚挚的希望：“百尺竿头，更进一步，持此大义，起而率先”，“不但坐言，而且起行；不但同情，而且倡导”。后来的事实表明，蔡元培响应中国共产党提出的“停止内战，一致对外”的号召。蔡没有辜负人民的期望，积极参加力所能及的抗战救亡运动。

1938年2月，蔡元培写诗表示抗战必胜的信心：“由来境异便情迁，历史循环溯大原。还我河山旧标语，可能实现在今年？”5月2日，他出席宋庆龄领导的保卫中国的大同盟以及香港国防医药筹赈会，在圣约翰大礼堂举办的美术展览会开幕式，并发表演

1933年2月17日中国民权保障同盟领导人在宋庆龄家设宴欢迎英国文学家萧伯纳时合影，中立者为蔡元培。

说，鼓励用美术振奋人民的抗战救亡的精神。1939年7月，蔡元培被国际反侵略运动大会中国分会推为第二届名誉主席。12月7日，他以《满江红》词牌为该会作会歌，慷慨激昂，义正词严：

公理昭彰，战胜强权在今日。概不问，领土大小，军容赢诎。文化同肩维护任，武装合组抵抗术，把野心军阀尽排除，齐努力。

我中华，泱泱国，爱和平，御强敌。两年来，博得同情洋溢。独立宁辞经百战，众擎无愧参全责。召友邦共奏凯旋歌，显成绩。

蔡元培喜爱兰花，曾写下咏兰诗五首七绝，《案上盆兰》一首，《题铁花灯》四首。

山谷幽兰并蒂开，如镌碧玉映苍苔。
合登耘几充清供，不羡窗前绿萼梅。

如此风神故清绝，雅宜饮酒读离骚。
都梁已逐椒蘺化，赢得香名付尔曹。

空谷无人自惜芳，惯将露眼荡风光。
无端写入隃麋墨，乞与怀香锦帐郎。

兰膏明烛华灯错，楚些同心感自煎。
我爱护花兼护影，珊珊如见藐姑仙。

昔有从蜻居海上，朝朝暮暮已忘形。
近朱近墨与俱化，入空长馨吾德馨。

从蔡元培的这几首诗中可以看出他的人品。兰花为多年生常绿草本，野生于我国南部和东部山坡林荫。《孔子家语 · 车厄》曰：“芝兰生于深林，不以无人而不芳。”王思任在《盘花》诗中曰：“方识幽兰心，穷年愿空谷。”这是古人对兰花生态的高度概括。蔡元培为兰花传神写照，突出其背景，两首七绝以“山谷幽兰”和“空谷无人”开篇，便是兰花生活环境的典型再现，这里寄托了他的情感。

1940年蔡元培在香港最后之留影。

兰品如人品，在蔡元培的笔下兰花幽香、清正、典雅的品格，完全是他自身人格的外化。他身居高位，清贫廉洁，自奉俭朴，其诚待人，无私奉献，光明磊落，其人格力量一如兰之幽香、清正、典雅。

蔡元培于1940年3月5日在香港溘然长逝，享年73岁。

蔡元培病逝后，全国人民举行了隆重的纪念活动，国内各主要党派和团体以及要人名流纷纷致电吊唁。3月7日，蔡元培遗体在香港摩里臣山道福禄寿殡仪馆入殓，吴铁城代表蒋介石主祭，前往致祭的社会各界人士多达300余人。3月16日国民政府对蔡元培发布褒扬令，称他为“高年硕学”，“万流景仰”。3月24日，重庆、广西、广东、湖北、浙江、湖南、江西、云南、贵州和香港地区同时举行追悼大会。

当蔡元培病故噩耗传到延安，中共中央立即派廖承志同志为代表，前往慰问蔡元培家属。3月9日中国共产党中央委员会发了唁电，称他是“老成硕望”、“勋劳卓著”。毛泽东也致电给蔡的家属：“孑民先生，学界泰斗，人世楷模，遽归道山，震悼曷极！谨电驰言，尚祈节哀。”4月14日，延安各界在中央大礼堂召开追悼蔡元培和吴承仕的大会由吴玉章致悼词。周恩来送了挽联：从排满到抗日战争，先生之志在民族革命；从五四到人权同盟，先生之行在民主自由。

上海《申报》、重庆《中央日报》以及其他报刊都先后发表哀悼社论，或出纪念专号，深切缅怀或称赞蔡元培一生的丰功伟绩和道德文章。从当时各界所送的部分挽联，可见一斑。

吴铁城送的挽联是：

“鸿文硕学，才迈古人，处为大儒，出为元老；革命策勋，公忠体国，泽满天下，哀满中原。”

任鸿隽送的挽联是：

“治学严世界观，接物宏无我量；赤手启昌期，教泽应须百世祀。抗战传满江红，救国留两言嘱；精神知不世，遗悲未见九州同。”

陈友仁送的挽联是：

“薄元首而不为，亮节高风，千秋曾有几辈；容百家之并起，宏模雅量，当代只见斯人。”

中央研究院联云：

“道德救国，学术救国；中心藏之，何日忘之。”

中华教育基金会董事会联云：

“一代人师尊叔度，千秋德业仰文中。”

商务印书馆董事会联云：

“道德文章不朽，海内耆英推祭酒；事业功勋并茂，国家柱石折宗师。”

长沙书院员生联云：

“一代儒宗作砥柱中流，道德文章昭百世；万流景仰挽狂澜末俗，高风亮节炳千秋。”

岭南大学联云：

“以教育始以教育终，何让王者师，艰巨未念同造化；在门墙中在门墙外，都执弟子礼，辛勤不断慰先生。”

广州大学全体教职员联云：

“学识贯中西，领导群伦资硕忘；生徒满天下，弥留片语见深心。”

广州大学全体学生联云：

“以博爱平等为乐育真诚，当代太学枕颜硕望应教万流仰；于多难殷忧识立身风节，异日大荒被发幽灵下见九州同。”

北大旅港同学会联云：

“民族导师。”

1946年美国著名教育家杜威对蔡元培这样评价：

“拿世界各国的大学校长来比较一下，牛津、剑桥、巴黎、柏林、哈佛、哥伦布亚等，这些校长中，在某些学科上有卓越的贡献，顾不乏其人；但是以一个校长身份，能领导那所大学对一个民族、一个时代起到转折作用的，除蔡元培而外，恐怕找不出第二个。”

蔡元培长眠于香港仔山巅华人公墓永远坟场。

蔡元培之墓（香港）。

蔡元培大事年表

1868年（1岁）

1月11日出生于浙江省绍兴府的山阴县城内笔飞弄。字鹤卿、孑民，号孑农。父蔡光普，曾任当地某钱庄经理，母周氏。

1872年（5岁）

由父延师在家塾中读《百家姓》、《千字文》、《神童诗》等书。

1877年（10岁）

8月2日，父亲病逝。家境渐窘，无力延师，从下半年起，在姨母家附读一年。后又在李姓家中附读两年。

1879年（12岁）

开始学做八股文。

1880年（13岁）

受业于同县秀才王懋修（子庄）约四年。王先生崇尚宋明理学，蔡受其影响颇深。

1883年（16岁）

考中秀才。开始自由阅读，常借阅叔父蔡铭恩藏书，且得其指教。

1884年（17岁）

在本地充塾师，设馆教书两年。

1885年（18岁）

8月，第一次赴杭州，应乡试，未中。

1886年（19岁）

在同乡徐树兰家为其校订所刻图书约四年。徐家藏书甚丰，因得博览群书，学问大进。

1889年（22岁）

春，与他的第一位夫人王昭结婚。

秋，赴杭州应恩科乡试，中举人，主试为李文田。

1890年（23岁）

春，赴北京应会试，中为贡士，未及参加本科殿试。

秋，出任上虞县志局总纂，旋即辞职。

1892年（25岁）

春，入京补应殿试，被取为二甲第三十四名进士，授翰林院庶吉士。

1893年（26岁）

春、冬，游历浙江、江苏、广东等地，获读康有为《新学伪经考》等书。

1894年（27岁）

春，入京应散馆考试，升补翰林院编修。供职翰林院之初，与同乡前辈李慈铭过从甚密，后一度兼任李家塾师。

7月，中日甲午战争爆发，留心时事，开始阅读西方学者著作的中译本。

1895年（28岁）

继续供职翰林院，曾赴南京访谒张之洞。冬，返绍兴。

1896年（29岁）

在绍兴，冬始返京。于新学及国外事物多所留意，阅读了一批自然科学书籍。

1897年（30岁）

继续供职翰林院。对新学兴趣日浓，涉猎更广。

1898年（31岁）

与王式通等组成东文学社，开始学习日文。

秋，戊戌变法失败，深感清政府“无可希望”，弃官携眷出京，返抵绍兴。

冬，任绍兴中西学堂监督。

是年，已开始疏证《石头记》。

1899年（32岁）

兼任嵊县剡山书院院长。

4月，为徐维则编《东西学术录》作序。

1900年（33岁）

手订《剡山二戴两书院学约》，述及自己求学路径。

6月，夫人王昭病逝。

是年至次年间，与童亦韩至临安县，为绍兴侨农设一小学。又到杭州，商议改某书院为师范学校，未成。

1901年（34岁）

8月，到上海澄衷学堂任代理总理一月。

9月，任南洋公学特班总教习。

10月，所撰《学堂教科论》由上海普通学书室印行。

12月，与张元济、杜亚泉等创办《外交报》。冬，与黄仲玉结婚。

1902年（35岁）

4月，与叶瀚、蒋观云、黄宗仰等在上海发起成立中国教育会，被推为会长；选编《文变》一书，交商务印书馆代印。

暑假，游历日本，旋即回国。

11月，为南洋公学退学生，组织爱国学社，任学社总理。

秋冬，与蒋观云等发起创办爱国女学。

是年，兼任商务印书馆编译所首任所长，为麦鼎华译《中等伦理学》一书撰序。

1903年（36岁）

4月，在《苏报》发表《释“仇满”》一文。

6月，中国教育会与爱国学社发生分裂，辞去会、社职务，离沪赴青岛。

10月，在青岛所译德国科培尔《哲学要领》一书由商务印书馆出版。

12月，与王小徐、汪允宗等在沪创办《俄事警闻》日报。

1904年（37岁）

在《俄事警闻》发表小说《新年梦》。

2月27日，《俄事警闻》改为《警钟》日报，任主编，为时半年。

5月，再次被推为中国教育会会长。

7月，又任爱国女学校长。

秋，由何海樵介绍参加杨笃生领导的军国民教育会暗杀团。

11月，在上海创立光复会，任会长。

1905年（38岁）

10月，加入中国同盟会，被孙中山委任为上海分会会长。

1906年（39岁）

春，回绍兴出任学务公所总理，旋即辞职。

6月，到沪迎接章太炎期满出狱。

秋，为出国留学，入京等候派遣，事不成，应聘至译学馆任教习。

本年，所译《妖怪学讲义总论》以及与张元济、高凤谦共同校订的《最新修身教科书》第一、二册，由商务印书馆出版。

1907年（40岁）

6月，离京乘车经西伯利亚赴德国留学。

下半年，在柏林，习德语，编译书籍，兼任唐绍仪侄子家庭教师。

1908年（41岁）

秋，进入莱比锡大学听课和研究。

1909年（42岁）

10月，所译德国泡尔生《伦理学原理》一书由商务印书馆出版。

1910年（43岁）

4月，所著《中国伦理学史》一书由商务印书馆出版。

1911年（44岁）

10月，获悉国内爆发武昌起义，由莱比锡到柏林，与留德学生进行声援活动。12月，取道西伯利亚回国，抵沪。

1912年（45岁）

1月，出任中华民国临时教育总长。

2月，发表《对于教育方针之意见》一文；受孙中山委派，任迎袁世凯南下就职之专使。

5月，所编《中学修身教科书》由商务印书馆出版。

7月，辞去教育总长职务。
9月，携眷再度赴德国，进莱比锡大学研修。
10月，所订《大学令》二十二条由教育部公布施行。

1913年（46岁）

6月，应孙中山之召请回国，抵沪，奔走调解南北关系事宜。
7月，“二次革命”爆发，与吴稚晖、张继等在沪创办《公论》晚报，撰文抨击袁世凯。
9月，离沪赴法国，居巴黎近郊，学习法语，从事译著。

1914年（47岁）

上半年，与汪精卫、李石曾等筹办《学风》杂志，撰写《学风杂志发刊词》，提倡学习西方近世文化。
8月，欧战爆发，与李石曾组织旅法学界西南维持会。

1915年（48岁）

1月，所编译《哲学大纲》一书由商务印书馆出版。
6月，与李石曾等组织勤工俭学会。
12月下旬，与唐绍仪、汪精卫联名反对袁世凯称帝。

1916年（49岁）

3月，与李石曾、吴玉章、欧乐等中法人士发起组织华法教育会，后任中方会长。
4月，参与开办华工学校，编成《华工学校讲义》四十篇。
上半年，所著《石头记索隐》在上海《小说月报》连载。
8月15日，《旅欧杂志》在法国创刊，任主编，发表《文明之消化》一文。
10月2日，应北京政府教育总长范源濂之请，回国就任北京大学校长。
12月，由上海到北京，被任命为北大校长。

1917年（50岁）

1月，到北京大学视事，发表就职演说，聘任陈独秀为北大文科学长。

4月8日，在北京神州学会发表《以美育代宗教说》的演讲。

7月，因张勋复辟，一度辞职，事件平息后，回校复任。

8月1日，所撰《大学改制之事实及理由》一文在《新青年》杂志发表。

是年，兼任国语研究会会长、孔德学校校长等职。

1918年（51岁）

1月，在北大发起组织进德会，发表《进德会旨趣书》。

2月1日，以北大校长名义刊出“征集全国近世歌谣启事”；20日，与北京各国立高等学校校长发起组织学术讲演会，以“唤起国人研究学术之兴趣”。

3月，向教育部报送国史编纂计划。

5月，到天津南开学校等处发表讲演。

8月，为胡适《中国古代哲学史大纲》和徐宝璜《新闻学大意》两书分别撰序。

10月14日，北大新闻学研究会成立，到会发表演说，论及我国近代新闻的发展和新闻道德等问题。

11月10日，撰写《北京大学月刊发刊词》，阐述学术自由、兼容并包的办学方针。16日，在天安门庆祝协约国胜利大会上发表《劳工神圣》的演说。

12月31日，撰写《科学社征募基金启》，后被选为中国科学社董事长。

1919年（52岁）

1月，发表《哲学与科学》一文，阐述哲学与科学关系之发展。

3月18日，撰写《致〈公言报〉函并附答林琴南君函》，反驳林纾对北京大学及新文化运动的指责。

4月2日，复函教育总长傅增湘，重申“兼容并包”的办学宗旨。

5月2日，告知北大学生代表，政府已通知巴黎和会中国代表在丧权辱国的和约上签字。

五四运动爆发后，与各校校长积极营救被捕学生。

5月9日，辞北大校长职务，离京南下。

7月9日，应各方敦请，宣布放弃辞职。

9月12日，返京复职。

11月9日，在北京女子高等学校发表演说《国文之将来》，认定白话与文言之争，“白话派一定占优胜”。

12月13日，复谢楚桢函，表示完全赞同在北大实行男女同校。

1920年（53岁）

1月，在少年中国学会发表《工学互助团的大希望》演说。

4月，在《新青年》杂志发表《洪水与猛兽》一文，提出让新思潮自由发展，定会有利无害。

5月，在《新潮》杂志发表《美术的起源》一文。上半年，应北京高等师范学校之邀，讲授《美学》课程。

10月，新潮社编《蔡孑民先生言行录》出版。10月底11月初，陪同杜威赴湘，在长沙作多次学术演讲。

11月17日，为李慈铭《越缦堂日记》五十一册出版撰写《刊印缘起》；24日，离沪赴欧洲考察。

1921年（54岁）

1月1日，夫人黄仲玉在北京病逝，1月至8月，在法国、瑞士、德国、奥地利、匈牙利、荷兰、英国、美国进行考察、访问。

3月8日，与李圣章在巴黎访晤居里夫人；16日，在柏林访晤爱因斯坦；21日，访晤哲学家倭铿。

4月22日，参观梵蒂冈教皇宫。

5月，法国里昂大学授以文学博士荣誉学位。

6月，美国纽约大学授以法学博士荣誉学位。

8月6日，受北京政府教育部委托，赴檀香山出席太平洋教育会议。9月18日，返抵北京。

10月，着手编著《美学通论》一书，写出《美学的趋向》、《美学的对象》两章。

1922年（55岁）

1月30日，撰写《石头记索隐》第六版“自序”，针对胡适的观点展开争辩。

3月20日，发表《教育独立议》一文。

4月9日，在北京非宗教同盟大会上发表《非宗教运动》演说。

7月上旬，赴济南参加并主持中华教育改进社第一次年会。

8月20日，发表《汉字改革说》，主张汉字改用拉丁字拼音。

9月下旬，教育部召开学制会议，被推为主席。

11月24日，发表《在北京大学史学研究会成立会之演说词》。

12月15日，世界语联合大会在北大召开，任会议主席并致开会词。

1923年（56岁）

1月17日，因不满教育总长彭允彝干涉“罗文干”案，愤然辞去北大校长职务；25日，发表《不合作宣言》，表示不与北京的黑暗政治同流合污。

2月，所撰《五十年来中国之哲学》一文收入《申报》印行的《最近之五十年》一书。

7月，与周峻结婚，携眷离沪赴欧。

8月底，抵达比利时布鲁塞尔。

9月，开始编写《哲学纲要》。

10月10日，应比利时沙洛王劳工大学之邀，发表《中国的文艺中兴》演讲。

1924年（57岁）

1月，由比利时移居法国，一面从事著述，一面协助办理华法教育会及里昂中法大学事务。

4月，赴伦敦推动英国退还庚子赔款用于兴办中国教育事业。

8月，受北京政府教育部委托，赴荷兰和瑞典出席国际民族学会议；所编译《简易哲学纲要》一书由商务印书馆出版。

11月21日，赴德国汉堡大学，研究民族学。

1925年（58岁）

3月，为孙中山逝世撰写祭文及挽联。

7月，在汉堡撰《为国内反对英日风潮敬告列强》一文，译成英、法、德文分别在欧洲各报发表，澄清五卅运动真相。

10月4日，为刘半农编《敦煌掇琐》撰序。

1926年（59岁）

2月3日，应北京政府教育部电促，回国抵沪；4日，在上海接受《国闻周报》记者采访，就国内教育问题和政治形势发表见解。

4月22日，为王云五《四角号码检字法》一书撰序。

6月28日，致电北京国务院和教育部，请辞北大校长职务。

9月1日，全国国语教育促进会在上海开成立会，被推为会长。

12月5日，发表《说民族学》一文；23日，孙传芳下令取谛苏皖浙三省联合会，因遭通缉，与马叙伦等避走福建。

1927年（60岁）

2月3日，在闽南佛学院发表《佛学与佛教及今后之改革》演说。

3月12日，在杭州之江大学发表《读书与救国》演说。3月底，到达上海后，参加国民党"清党"活动和组建南京政府事宜。

5月底6月初，拟具大学区制组织条例八项，呈请国民政府变更教育行政制度。

6月17日，被国民政府任命为大学院院长。

11月20日，主持召开中央研究院筹备会议，通过《中华民国大学院中央研究院组织条例》。

12月22日，与孙科联名提出《教育经费独立案》，在国民政府委员会第十六次会议上获通过。

12月，与林风眠、杨杏佛、萧友梅等提议创办国立艺术大学。

1928年（61岁）

1月，《大学院公报》创刊，撰写发刊词，提出教育科学化、劳动化、艺术化等主张。

2月1日，向国民党二届四中全会提出一项提案，强调教育和科学研究对国计民生的重要性，要求各国退回之庚子赔款，均应拨作教育基金；21日，大学院通令全国废止春秋祀孔。

4月23日，被任命为国立中央研究院院长。

5月15日，在南京主持召开教育会议，致开幕词。

6月29日，被选为中华教育文化基金会董事会副董事长。

8月17日，辞去大学院院长等职，专任中研院院长，携眷离南京，定居上海。

11月，被推选为国际笔会中国分会会长。

1929年（62岁）

1月4日，赴杭州出席中华教育文化基金会董事会会议，被选为董事长。

4月28日，发表《美术批评的相对性》一文。

6月13日，被聘为国立青岛大学筹备委员会委员。8月间曾去青岛参加筹备工作。

8月，兼任国立北平图书馆馆长。

9月16日，被任命为北京大学校长，未到任，校务由陈大齐代理，一年后辞去校长名义。

11月，为李季著《马克思传》作序。

12月，发表《国立中央研究院过去工作之回顾与今后努力之标准》一文。

1930年（63岁）

2月8日，出席中国社会学社成立大会，发表《社会学与民族学之关系》演说。

4月15日，出席在南京召开的第二次全国教育会议；16日，中央研究院在南京召开全国气象会议，任主席，致开会词。

7月1日，中央研究院在南京召开第一届院务年会，任主席，并致开会词；20日，出席中华职业教育社第十一届社员大会，任主席，致开会词。

7月，商务印书馆出版《教育大辞书》，内收所撰《大学教育》和《美育》两条。

8月12日，出席中国科学社第十五次年会，致开会词。

11月20日，在亚洲学会发表《中华民族与中庸之道》演说。

是年，为中央研究院历史语言研究所编《明清史料档案甲集》作序。

1931年（64岁）

3月，出任西陲学术考察团理事长。

4月27日，出席上海大东书局新厦落成开幕礼，发表《国化教科书问题》讲演。

5月，发表《二十五年来中国之美育》一文。

6月15日，所撰《三十五年来中国之新文化》一文收入商务印书馆出版的《最近三十五年来之中国教育》一书中。6月下旬，到北平主持国立北平图书馆新馆落成典礼和主持中华教育文化基金会董事会第七次年会。

9月，为调解“宁奥对立”，与张继、陈铭枢南下广州谈判。

1932年（65岁）

1月15日，为王小徐著《佛法与科学比较之研究》一书作序。

2月1日，与各国立大学校长刘光华、邹鲁、蒋梦麟、王世杰、梅贻琦致电国际联盟，要求制止日军焚毁上海文化机关之暴行。

5月25日，在武汉大学发表《最近全世界之教育》的长篇演讲。

7月1至2日，在北平主持中华教育文化基金会董事会第八届年会；6日，被行政院聘为中央大学整理委员会委员长。

8月31日，为熊十力著《新唯识论》一书作序。

12月17日，与宋庆龄、杨杏佛等在上海组织中华民权保障同盟，任副会长。

1933年（66岁）

2月17日，与宋庆龄、鲁迅等在上海接待来访的英国著名作家萧伯纳。

3月14日，和陶行知、李公朴等百余人发起马克思逝世五十周年纪念会，在上海青年会主讲《科学的社会主义概论》。

4月，为亚东图书馆印行的《独秀文存》作序。

6月18日，杨杏佛遇刺身亡，闻讯甚感悲愤，主持丧葬事宜。

12月8日，出席欢迎意大利无线电发明家马可尼来华大会，并致词。

1934年（67岁）

1月1日，发表《我在北京大学的经历》一文。

4月5日，发表《我所受旧教育的回忆》一文。

6月18日，聘请丁文江为中央研究院总干事，到院视事。

8月，发表《吾国文化运动之过去与将来》一文。

12月10日，在南京中央大学发表《民族学上之进化观》演说。

1935年（68岁）

1月，与叶楚伧联名向国民党中央提出《实施义务教育标本兼治办法》一案；18日，就何炳松等十教授所寄《中国本位的文化建设宣言》复函给何。

3月27日，中波文化协会在南京开会，任主席。

4月10日，发表《我的读书经验》一文。

5月10日，发表《关于读经问题》一文，反对提倡读经。

6月10日，发表《为什么要研究学问》；19至20日，在南京主持中央研究院首届聘任评议员选举会。

7月24日，发表《我青年时代的读书生活》一文。

8月20日，为《新青年》重印本题词："新青年杂志为五四运动时代之急先锋。现传本渐稀，得此重印本，使研讨吾国人最近思想变迁者有所依据，甚可嘉也。"

9月7至8日，在南京主持中央研究院首届评议会第一次年会。

10月，为《中国新文学大系》丛书所撰总序发表。

11月4日，在国民党四届六中全会纪念周作《中央研究院与中国科学研究概况》报告。

1936年（69岁）

1月8日，赴南京参加丁文江追悼会，主祭并致悼词。

2月9日，出席上海文化、教育、科学及工商各界人士举行的祝寿聚餐会，致词答谢；14日，开始撰写《自写年谱》。

3月，为英文《中国季刊》所撰《中国的中央研究院与科学研究事业》一文发表。

5月10日，领衔发表由六百余人列名的《我们对于推行新文字的意见》。

8月3日，为蔡尚思著《中国思想研究法》一书作序。8月，为《刘申叔先生遗书》出版撰写《刘君申叔事略》一文。

10月11日，在邹韬奋主编的《生活星期刊》上发表《墨子的非攻与善守》一文，并为该刊双十特刊《中国与中国人》题词“中国为一人，天下为一家”；19日，鲁迅逝世，任治丧委员会主席。

11月28日起，身体不适，大病。此次大病后健康日渐衰退。

1937年（70岁）

5月3日，在南京主持中央研究院评议会第三次年会。

6月，为《世界短篇小说大系》写序。

11月27日，由丁西林、周仁陪同离上海去香港。抵港后改姓名为周子余。

12月下旬，开始陆续发表《我在教育界的经验》一文。

1938年（71岁）

2月28日，在香港主持中央研究院院务会议。

5月23日，应保卫中国大同盟之邀，出席在香港圣约翰大礼堂举办的美术展览开幕式，并发表演说。

6月1日，为《鲁迅全集》作序，盛赞鲁迅为“新文学的开山”。

11月，聘任鸿隽为中央研究院总干事。

1939年（72岁）

7月初，被推为国际反侵略大会中国分会第二届名誉主席；7月15日，为李宗侗所著《中国古代社会新研初稿》一书作序。

12月7日，用《满江红》词牌，为国际反侵略大会中国分会作会歌。

1940年（73岁）

1月11日，为中央研究院评议会改选事宜，致函评议会秘书长翁文灏，委以最后决定权由其执行。

3月5日9时45分，在香港养和医院逝世。遗体安葬于香港仔华人永远坟场。

参考文献

资料类

[1] 蔡元培著，高平叔编．蔡元培全集．北京：中华书局，1984

[2] 蔡元培著．蔡元培语萃．北京：华夏出版社，1993

[3] 蔡元培著．蔡元培文集．台北：锦绣出版事业股份有限公司，1995

[4] 蔡元培著．蔡元培学术文化随笔．北京：中国青年出版社，1996

[5] 蔡元培著．蔡元培全集．杭州：浙江教育出版社，1996

[6] 蔡元培著．蔡元培学术论著．杭州：浙江人民出版社，1998

[7] 蔡元培著．我在北京大学的经历．武汉：湖北人民出版社，2003

[8] 蔡元培著．蔡元培讲演集．石家庄：河北人民出版社，2004

[9] 蔡元培著．蔡元培自述．郑州：河南人民出版社，2004

[10] 蔡元培著．蔡孑民先生言行录．桂林：广西师范大学出版社，2005

[11] 蔡元培著．蔡元培教育名篇．北京：教育科学出版社，2007

[12] 蔡元培著，文明国编．蔡元培自述．北京：人民日报出版社，2011

[13] 陈学恂主编．中国近代教育史教学参考资料（上册，中册，下册）．北京：人民教育出版社，1987

[14] 高平叔编．蔡元培教育文选．北京：人民教育出版社，1980

[15] 高平叔编．蔡元培论科学与技术．石家庄：河北科学技术出版社，1985

[16] 高平叔编．蔡元培政治论著．石家庄：河北人民出版社，1985
[17] 高平叔编．蔡元培教育论集．长沙：湖南教育出版社，1987
[18] 高平叔编．蔡元培教育论著选．北京：人民教育出版社，2011
[19] 洪治纲主编．蔡元培经典文存．上海：上海大学出版社，2008
[20] 舒新城编．中国近代教育史资料（上册，中册，下册）．北京：人民教育出版社，1961

专著类

[1] 蔡建国编．蔡元培先生纪念集．北京：中华书局，1984
[2] 蔡元培研究会编．论蔡元培．北京：旅游教育出版社，1989
[3] 蔡元培研究会编．蔡元培与现代中国．北京：北京大学出版社，2010
[4] 陈晨编．蔡元培轶事．北京：人民日报出版社，2011
[5] 程斯辉编著．中国近代教育管理史．武汉：武汉工业大学出版社，1989
[6] 程斯辉著．中国近代大学校长研究．北京：人民教育出版社，2010
[7] 崔志海著．蔡元培传．北京：红旗出版社，2009
[8] 高平叔撰著．蔡元培年谱长编（1—4卷）．北京：人民教育出版社，1998
[9] 胡国枢著．蔡元培评传.郑州:河南教育出版社，1990
[10] 金林祥著．蔡元培画传．成都：四川教育出版社，2012
[11] 毛礼锐，沈灌群．中国教育通史（第4卷）．济南：山东教育出版社，1987
[12] 唐振常著．蔡元培传．上海：上海人民出版社，1985
[13] 熊明安著．中华民国教育史．重庆：重庆出版社，1990
[14] 周天度著．蔡元培传．北京：人民出版社，1984
[15] 张晓唯著．蔡元培与胡适（1917—1937）——中国文化人与自由主义．北京：中国人民大学出版社，2003

论文类

[1] 程斯辉．蔡元培与职业教育．教育与职业，1988.1
[2] 程斯辉．蔡元培的中西教育观．湖北大学学报（哲学社会科学版），1988.4
[3] 程斯辉．蔡元培在北大的管理实践．高等教育研究，1986.7

[4] 程斯辉．蔡元培的道德教育思想浅谈．湖北大学学报（哲学社会科学版），1987.3

[5] 程斯辉．蔡元培的教师观及其现实意义．高等师范教育研究，1993.3

[6] 程斯辉．蔡元培与近代教育领域的反腐倡廉．华中理工大学学报（社会科学版），1995.2

[7] 程斯辉．蔡元培与中国近代科学技术教育．河北师范大学学报（教育科学版），2000.10

[8] 高平叔．北京大学的蔡元培时代．北京大学学报（哲社版），1998.2